KB021134

다양성 경영과 상호문화 경험:

외국인 근로현장 이야기

사회통합 총서 13
다양성 경영과 상호문화 경험:
외국인 근로현장 이야기

2022년 8월 20일 초판 인쇄
2022년 8월 25일 초판 발행

지은이 | 김영순 · 하종천
교정교열 | 정난진
펴낸이 | 이찬규
펴낸곳 | 북코리아
등록번호 | 제03-01240호
주소 | 13209 경기도 성남시 중원구 사기막골로 45번길 14
       우림2차 A동 1007호
전화 | 02-704-7840
팩스 | 02-704-7848
이메일 | ibookorea@naver.com
홈페이지 | www.북코리아.kr
ISBN | 978-89-6324-883-7(94300)
       978-89-6324-636-9(세트)

값 20,000원

사회통합 총서 13

다양성 경영과 상호문화 경험: 외국인 근로현장 이야기

김영순 · 하종천

북코리아

서문:
"사장님 나빠요"의 진실

　"사장님 나빠요"는 2004년 KBS에서 방영된 〈폭소클럽〉의 등장인물인 스리랑카에서 온 이주 노동자 '블랑카'라는 인물의 유행어다. "블랑카의 이게 뭡니까 이게"라는 코너를 통해 블랑카의 입을 빌려 당시 한국사회에서 이주근로자들이 겪는 학대, 억압, 차별, 폭력 등을 유머와 위트로 표현해 우리 사회의 이주민 근로 현장을 고발했었다. "사장님, 나빠요"라는 유행어가 나온 지도 곧 20년이 다가옴에도 이주근로자들에 대한 차별과 혐오 문제는 그리 개선되지 않았다.

　이 책은 바로 초국적 노동 이주를 경험한 외국인 이주 근로현장을 탐색한다. 특히 이주 근로현장의 구성원들인 외국인 근로자, 한국인 중소기업가, 한국인 근로자 간의 상호문화소통 양상에 주목했다.

　상호문화소통은 타자성과 다문화감수성을 전제로 한다. 상호문화소통은 문화가 다른 의사소통 참여자들 간에 일어나는 일련의 상호작용이다. 상호작용 과정에서 의사소통 참여자들 사이에 오해와 갈등이 당연하게 발생한다. 이것은 소통참여자의 언어적 혹은 비언어적 행동과 행위 및 태도를 잘못 해석해서 생길 수 있다. 이런 해석은 무지 아니면 잘못된 경험에 기초를 두고 있다. 그러므로 이주 근로현장에서 고용자와 피고용자 간의 상호이해는 기업의 효율성을 위해 필수적이다. 상호문화적 의사소통 과정은 근로현장을 넘어 인간관계에서 스스로 체득한 관습적인 말과 행위가 의사소통 참여자 상호 간에 적응하면서 변화되기도 한다. 상호문화소통이 진행될 경우 타자를 이해하거나 인정을 넘어서서 타문화에 대한 존중으로까지 이어질 수 있다. 이런 과정에서 우리는 타자성과 다문화 감수성을 체득해간다.

이 책은 총 7장으로 구성되어 있다. 도입 부분에서는 이 책의 연구 목적과 필요성, 연구방법에 관해 기술했다.

1장 "외국인 근로자의 실태와 문화적응"에서는 외국인 근로자 현황, 외국인 근로자 정책, 외국인 근로자의 문화적응, 상호문화 경험의 의미 개요를 제시했다.

2장 "다양성 경영과 상호문화 경험"에서는 경영자의 다양성 경영, 타자성과 상호문화의 관계 등 이 책에 등장하는 주요 개념들을 소개했다.

3장 "다문화 환경의 기업과 다양성 경영"은 다문화 인식 영역, 의사소통과 조직문화 영역, 외국인 근로자 정책 영역으로 구분하여 설명했고, 경영자의 다양성 경영 실태와 개선 방안을 제시했다.

4장 "중소기업 경영자의 상호문화 경험: 이해와 공감"에서 이해 영역은 "직접 접촉을 통한 이해"와 "교육과 매체를 통한 이해"로 구분되며, 공감 영역은 "역지사지를 통한 공감", "언어·문화적 공감"으로 의미화되었다.

5장 "중소기업 경영자의 상호문화 경험: 소통, 협력, 연대"에서 소통 영역은 "언어와 감정의 소통"과 "문화와 종교적 소통"으로, 협력 영역은 "국가별 동료 간 협력", "숙련근로자와의 협력"으로 구분되었다. 연대 영역은 "지역사회와의 연대"와 "자조모임과의 연대"로 분류되었다.

6장 "외국인 근로자에 대한 한국인 근로자의 시선"에서는 다문화 근로시장의 확대, 다문화감수성과 문화갈등, 개인과 개인 간 문제, 조직문화에서의 문제, 시선의 상호소통 등으로 구분하여 기술하고 해석했다.

7장 "상호문화 경험과 다양성 경영 토대"는 저서의 마무리에 해당하는 장으로서 다문화 인식개선과 다양성 경영, 중소기업 경영자의 상호문화 경험, 한국인 근로자의 다문화감수성', '지속가능한 다양성 경영을 위하여'와 같은 내용으로 구성했다.

이 저술의 공동저자인 하종천 연구자는 외국인 근로현장에서 오랫동안 중소기업가로 활동 중이며, 다양성 경영을 몸소 실천해왔다. 그러기에 외국인 근로현장의 생생한 목소리가 담겨 있는 질적 자료 수집을 용이하게 할 수 있었다. 무엇보다 이 저술은 현장 연구자의 시선이 담긴 내러티브로 이해할 수 있다. 따라서 외국인 근로자와 함께 근무하는 중소기업가 분들에게 그들을 이해할 수 있는 상호문화적 혜안을 제시해줄 수 있을 것이다.

이 책의 연구 개요 첫 페이지에 "이방인이 우리 땅에 왔을 때 적으로 대우하지 않는 것"이라는 이념적 명제가 제시되어 있다. 이 명제는 철학자 칸트의 『영구평화론』에 등장하는 말이다. 그는 세계의 '전쟁'이 아닌 지속적인 '평화'를 바랐다. 그의 『영구평화론』에서 이 명제는 세계시민법의 발현과 관계가 있다. 세계시민법은 보편적 우호의 조건들에 국한되어야 한다. 우호는 외국인에 대한 일정 기간의 체류권과 적으로 간주되지 않을 권리를 의미한다. 결국 그는 세계시민의 자세로 서로의 존재를 인정하고 평화적으로 관계를 맺을 수 있음을 강조한다.

우리는 모두 평화를 원한다. 최근의 국제 정세는 역시 힘이, 권력이,

부가 곧 정의라는 그릇된 시대 논리를 형성하게 했다. 국가와 국가 간의 힘의 논리는 그 국가를 구성하는 개인 주체가 지닌 힘의 논리와 연결된다. 현실적으로 강대국은 핵무기를 포기하지 않고 군사력을 강화하며 무기를 만드는 데 천문학적인 돈을 사용한다. 그렇다. 개인 주체의 영역에서도 이 무서운 힘의 논리가 타자에 대한 '우호'를 제한한다.

　　이 책은 독자들에게 끊임없이 근로현장에서 상호문화소통을 위한 타자성과 다문화감수성을 함양하도록 촉구한다. 저자들은 영구평화를 원한다. 일상에서 외국인 이주자와 근로현장을 공유하는 분들에게 이 책은 평화를 선사할지도 모른다.

　　　　　　　　　　　　　　　　　　　영구평화를 간절히 원하며
　　　　　　　　　　　　　　　　　　　2022년 여름
　　　　　　　　　　　　　　　　　　　김영순, 하종천

CONTENTS

CONTENTS

연구 개요

"이방인이 우리 땅에 왔을 때 적으로 대우하지 않는 것"

- 칸트, 『영구평화론』

1.
연구의 필요성

　최근 전 지구적 환경 변화나 불평등의 심화와 더불어 국가 간의 분쟁 및 내분으로 인해 다양한 배경을 가진 국가의 근로자들이 자신이 살던 곳을 떠나 더 나은 새로운 삶의 터전을 찾아 나서는 국제이주가 증가하는 추세다. 국제이주의 유형 중에서도 경제적 이동에 해당하는 근로이주가 가장 활발하다.

　고령화 사회로 접어든 한국 사회에서 초국적 근로이주는 빈번하게 발생하고 점차 증가 추세에 있다. 그런 가운데 많은 외국인 근로자와 결혼이민자 등의 근로자들이 중소기업을 중심으로 이른바 '3D' 업종에 종사하고 있다. 그뿐만 아니라 몇 년 후 수많은 다문화가정 자녀들이 근로시장에 대거 진입할 경우, 한국의 근로시장은 더욱 다문화 사회에 놓이게 될 가능성이 농후하다.

　한국은 1988년 서울올림픽 이후 외국인 기술 산업연수생제도를 도입한 이래 외국인 근로자가 지속적으로 유입되고 있는 현실이다. 외국인 근로자의 근로력이 집중되고 있는 한국 중소기업의 사업장에서 외국인

<표 0-1> 체류 외국인 자격별 현황

(2021.2.28. 현재, 단위: 명)

구분	'20년 11월	'20년 12월	'21년 1월	'21년 2월	전월 대비	'20년 2월	전년 대비
총계	2,059,900	2,036,075	2,014,433	2,011,259	-0.2%	2,271,372	-11.5%
사증면제(B-1)	181,576	179,332	177,611	176,246	-0.8%	208,784	-15.6%
관광통과(B-2)	53,430	51,977	49,203	48,332	-1.8%	68,916	-29.9%
단기방문(C-3)	116,662	114,261	110,931	109,862	-1.0%	163,099	-32.6%
단기취업(C-4)	3,460	2,356	2,643	2,871	8.6%	1,164	146.6%
유학(D-2)	104,389	101,810	101,127	109,757	8.5%	124,263	-11.7%
기술연수(D-3)	1,652	1,634	1,597	1,594	-0.2%	1,978	-19.4%
일반연수(D-4)	52,047	52,952	51,691	50,472	-2.4%	60,092	-16.0%
종교(D-6)	1,276	1,254	1,246	1,254	0.6%	1,548	-19.0%
상사주재(D-7)	1,089	1,057	1,068	1,112	4.1%	1,396	-20.3%
기업투자(D-8)	5,609	5,587	5,540	5,566	0.5%	5,980	-6.9%
무역경영(D-9)	2,183	2,136	2,086	2,027	-2.8%	2,259	-10.3%
교수(E-1)	2,082	2,053	2,033	2,089	2.8%	2,221	-5.9%
회화지도(E-2)	12,768	12,621	12,569	13,332	6.1%	14,918	-10.6%
연구(E-3)	3,171	3,110	3,073	3,141	2.2%	3,168	-0.9%
기술지도(E-4)	197	199	197	201	2.0%	212	-5.2%
전문직업(E-5)	386	374	358	348	-2.8%	602	-42.2%
예술흥행(E-6)	3,062	3,011	3,118	3,173	1.8%	3,485	-9.0%
특정활동(E-7)	19,860	19,534	19,358	19,452	0.5%	21,443	-9.3%
비전문취업(E-9)	240,214	236,950	233,950	230,549	-1.5%	273,972	-15.8%
선원취업(E-10)	17,361	17,552	17,486	17,501	0.1%	17,678	-1.0%
방문동거(F-1)	106,578	105,382	104,273	103,307	-0.9%	123,457	-16.3%
거주(F-2)	43,475	43,666	43,608	43,416	-0.4%	44,004	-1.3%
동반(F-3)	20,260	20,050	20,012	19,976	-0.2%	23,103	-13.5%

구분	'20년 11월	'20년 12월	'21년 1월	'21년 2월	전월 대비	'20년 2월	전년 대비
재외동포(F-4)	465,301	466,682	468,031	469,619	0.3%	468,605	0.2%
영주(F-5)	160,095	160,947	161,667	162,190	0.3%	154,475	5.0%
결혼이민(F-6)	134,046	133,987	134,151	133,904	-0.2%	132,438	1.1%
방문취업(H-2)	163,580	154,537	147,675	143,459	-2.9%	224,585	-36.1%
기타	144,091	141,064	138,131	136,509	-1.2%	123,527	10.5%

출처: 법무부 출입국 · 외국인정책본부, 2021.2

근로자의 지속적인 유입에도 불구하고 인력의 부족 현상은 심화되고 있다. 특히 뿌리산업 분야의 제조라인을 보유한 생산직과 농업현장의 인력이 절실히 필요한 상황이다.

그렇다면 최근 외국인 근로자의 유입 현황을 살펴보기 위해 법무부 출입국 · 외국인정책본부(2021)가 발표한 자료를 검토해보도록 하자. 위의 〈표 0-1〉은 2021년 체류 외국인 자격별 현황이다.

〈표 0-1〉에서 나타난 것처럼 2021년 2월 말 현재 체류 외국인은 201만 1,259명으로 전월 201만 4,433명보다 0.2%(3,174명) 감소했다. 체류 외국인 중 등록외국인은 111만 5,608명, 외국국적동포 국내 거소 신고자는 46만 7,721명, 단기 체류 외국인은 42만 7,930명이다. 이러한 현황이 시사하는 바는 코로나19로 인해 전문인력 증가가 둔화되는 가운데 비전문취업(E-9) 및 선원취업(E-10)은 예년 수준도 유지하지 못하는 것을 보여준다. 취업 자격 외국인은 전체적으로 소폭 감소했다.

한국은 1991년 제조 중소기업 생산직 근로자의 인력난 해소를 위해 산업연수생제도를 실시하여 공식적으로 외국인 근로자의 유입이 시작되었다. 외국인 근로자들은 본국과 완전히 다른 환경에서 언어 문제로 인한 의사소통의 어려움과 이민자로서의 외로움, 또한 외국인 근로자에 대한 차별적 태도와 인식 등으로 많은 어려움을 겪고 있다(정한나 · 김영숙, 2020). 하지만 외국인 근로자들은 가족 문제, 기후와 식생활 문제, 차별 대우와 편견, 한국에서의 직장문화 적응 등의 문화적 차이를 가지고 있음에도 본국에 거주하고 있는 가족들의 경제적 어려움을 해결하기 위해 한국으로 근로이주를 하고 있다.

외국인 근로자는 한국 사회에서 다문화 환경과 다문화감수성을 높이는 국민으로서 함께 공존해야 하는 필요한 이웃이라 할 수 있다. 외국인 근로자에 대한 국민의 다문화 수용성이 매우 저조하지만, 현재 외국인 근로자는 제조업 분야에서뿐만 아니라 농업, 어업, 축산업 등 여러 분야에서 중요한 근로력이 되고 있다. 이들은 한국인 근로자가 하지 않는 힘든 분야에서 나름의 역할을 담당하고 있을 뿐만 아니라 저임금과 성실한 태도, 장시간 근로 가능 등의 이유로 현장에서 이들의 수요는 증가하고 있다(임춘희, 2016). 따라서 이들의 근로 참여는 한국의 경제를 발전시킬 수 있는 한 가지 요소로 작용하고 있다.

그동안 외국인 근로자에 대한 연구들이 꾸준하게 진행되어왔다. 외국인 근로자의 인권 침해 영역의 대표적인 연구는 신동일 외(2013), 이철희 · 정선영(2015), 진현 · 장은미 · 정기선(2016), 김창도(2017), 강대석 · 김정은(2017) 등에 의해 수행되었다. 또한 외국인 근로자의 문화적응과 문화갈등 및 생활만족도에 관한 연구로는 구경회 · 송준호(2011), 정선영 · 오영림 · 배이진(2013), 김판준(2013), 이미연 · 전민우 · 라정현(2014), 장인모 · 전순영(2015), 양순미(2016), 조태준 · 박덕현 · 허상구(2016), 임춘희(2016), 이정환(2016), 우루쿤치에브 아들백 · 박수정(2018), 최종락 · 임상혁(2019), 유승희(2019), 오영훈 · 하종천(2019), 유승희(2020) 등에서 다양하게 이루어졌다. 이와 같이 외국인 근로자에 대한 많은 연구가 진행되어왔지만, 이들을 고용한 경영자들의 연구나 외국인 근로자와 근무하는 한국인 근로자에 관한 연구는 미흡한 실정이다.

이런 맥락에서 본 연구는 두 가지 목적을 가지고 수행되었다. 하나는 외국인 근로자를 고용하고 있는 중소기업 경영자의 입장에서 외국인 근로자에 대한 인식이나 외국인 근로자의 고용과 관련된 어려움 등을 파악하여 고용과 관련한 개선책 및 경영자의 다양성 경영 실태와 개선방안을 도출하고자 했다. 또 하나는 외국인 근로자가 근무하는 한국의 중소기업 경영인 및 한국인 근로자들이 이주 근로현장에서 맞닥뜨리는 상호문화 경험을 수집하고 그러한 경험의 본질을 탐색하고자 한다.

첫 번째 목적인 한국 중소기업 경영자들의 이주 근로현장에 관한 인식을 알아보고자 한 배경은 외국인 근로자와 이들을 고용한 경영자 간 이해와 배려가 있어야 생산성이 향상될 것이라는 기대 때문이었다. 경영자의 관점에서 외국인 근로자의 언어소통 문제와 조직문화에서 직장 내의 인간관계 형성 및 상호 의사결정 시 문화적 차이점으로 인해 발생하는 문제점들을 도출하여 경영자 입장에서 외국인 근로자와 함께 기업을 효율적으로 운영할 수 있는 방안을 찾을 것이다.

두 번째 목적은 초국적 이주에 따른 생산직 외국인 이주 근로자를 대하는 한국인 중소기업 경영자와 한국인 근로자의 상호문화성과 관련이 있다. 이주 근로현장과 상호문화성 사이에는 '초국적 이주'라는 사건이 전제되어야 한다. 초국적 이주란 국가 간 전쟁, 민족 및 종교 간 분쟁, 전 지구적 환경 변화와 불평등의 심화 등으로 자신이 살던 모국을 떠나 새로운 삶의 터전을 찾아 이동하는 것을 말한다(Holton, 2014). 세계화의 추세에 힘입어 초국가적 네트워크가 출현하고 교통과 통신수단이 급격히 발달하면서 다양한 이주자의 초국적 이동이 점차 가속화되고 있다(Castles & Mark, 1993).

이런 초국적 이주 추세는 한국에서도 나타난다. 한국에 거주하는 이주자의 모습도 다양해지면서 가족 또는 친지와 함께 체류하는 비율이 점점 더 빠른 속도로 증가하고, 외국인 근로자의 근로조건 개선, 다문화가정 아동의 보육서비스 및 교육적 접근, 이주민 건강보험제도 적용 등 이들에 대한 이주자 인권 이슈도 다양해지고 있다. 다양한 이주자로 인해 한국 사회는 인종적·민족적 다양성을 고려한 사회적 포용국가를 건설해야 하는 현실적인 과제에 직면해 있을 뿐만 아니라 한국의 생산현장에서도 외국인 근로자와 함께 생활한다는 것은 선택이 아니라 필수라는 인식이 팽배해지고 있다(유승희, 2019).

또한 한국은 고령화 사회로 진입했을 뿐만 아니라 그에 따른 저출산 문제 등으로 인해 생산현장에서 노동력 부족 현상이 점점 더 심화되고 있다. 그럼에도 많은 외국인 근로자와 결혼이민자 등이 농어촌뿐만 아니라 제조업 및 중소기업을 중심으로 이른바 '제조' 업종에 종사하고 있다. 그와 더불어 많은 다문화가정 자녀들이 몇 년 후 노동시장에 진입할 경우, 생산현장은 더욱 다양한 문화를 지닌 인적 구조를 형성할 가능성이 크다.

한국은 1991년 외국인 '산업연수생제도'를 도입한 이후 외국인 근로자를 지속적으로 수용하고 있지만, 외국인 근로자가 집중되고 있는 한국 중소기업의 생산현장에서 노동력 부족은 외국인 근로자가 지속적으로 확대됨에도 더욱 심화되고 있다. 그중에서도 특히, 뿌리산업 분야의 제조라인 생산직과 농어업 현장에서 외국인 근로인력이 절실히 필요한 상황이다.

한국은 '산업연수생제도'를 실시하여 외국인 근로자의 유입이 시작

되었지만, 외국인 근로자들은 차별 대우와 편견, 가족 문제, 한국에서의 직장문화 적응, 기후와 식생활 문제 등 문화적 차이로 인해 어려움을 겪고 있다. 그럼에도 외국인 근로자들은 본국에 있는 가족들의 생계 및 경제적 어려움을 해결하기 위해 본국을 떠나 한국으로 이주하고 있다.

이들은 한국인 근로자가 하지 않는 힘든 분야에서 나름의 근로 역할을 담당하고 있을 뿐만 아니라 저임금과 성실한 태도, 장시간 근로 가능 등의 이유로 현장에서 이들의 수요는 증가하고 있다(임춘희, 2016). 한국의 산업현장에서 외국인 근로자들의 상당한 증가 폭이 나타남에도 생산직 외국인 근로자에 관한 한국 국민의 다문화 수용성은 여전히 낮게 나타난다. 그뿐만 아니라 특히 외국인 근로자들에 대한 차별, 산업현장에서의 문화적 차이로 인한 갈등 등 많은 문제점이 사회적인 문제로 부각되고 있다. 이러한 많은 문제점을 개선하기 위해 한국 정부는 다문화교육 지원정책 및 대책을 마련했을 뿐만 아니라 한국 국민의 다문화 인식을 개선하기 위

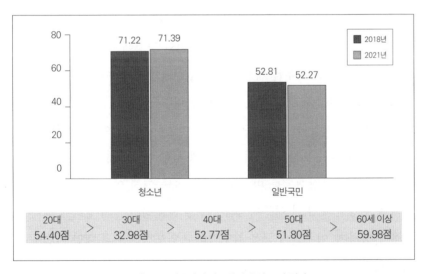

[그림 0-1] 한국인의 다문화 수용성 조사 결과

해 다양한 노력을 하고 있다. 여성가족부(2021)에서는 한국인이 지닌 다문화 수용성을 조사한 결과를 발표했는데, 위의 [그림 0-1]과 같다.

2021년 성인의 다문화 수용성은 52.27점으로, 2018년 자료에 비해 오히려 하락했다. 이는 한국에 거주하는 이주민들에게 비호의적이라는 의미다. 반면 청소년의 다문화 수용성은 지난 2018년에 비해 높아지고 있다. 2018년에 비해 성인은 낮아지고, 청소년은 소폭 상승하여, 그 격차('18년 18.41점 차이→'21년 19.12점 차이)는 0.71점 더 확대됐다. 이는 미디어와 학교에서의 다문화교육의 효과로 인해 다문화 수용성이 높아지고 있다는 것으로 밝혀졌다(여성가족부, 2021).

이에 따라 국가인권위원회는 실태조사와 함께 관계부처 및 시민사회단체의 의견을 수렴하는 등 '제2차 이주 인권 가이드라인'을 수립했다. 제2차 이주 인권 가이드라인은 총 3부로 구성되어 있는데, 제2부에서 이주민·난민의 인권 보호와 증진을 위한 10대 가이드라인과 110개 핵심 추진과제를 제시하고 있다. 10대 가이드라인은 인종차별을 금지하고, 이주민이 평등하게 존중받을 권리를 보장하고, 권리구제 절차에 이주민의 접근이 용이하도록 개선하며, 난민 인정 절차와 결정에 공정성을 강화하도록 했다. 또한 난민 처우를 개선하고, 이주민에게 공정하고 우호적인 조건에서 근로할 권리를 보장하며, 취약계층 이주근로자의 인권증진을 위한 제도개선과 관리감독 강화를 포함한다. 아울러 이주민에게 보건의료 서비스를 차별 없이 보장하고, 위기 상황에 처한 이주민에 대한 보호 등 비차별적인 사회보장제도를 마련하며, 이주아동에게 아동 이익 최우선의 원칙을 보장한다. 또한 이주여성의 인권을 보호하고, 이주정책에 젠더 관점을 반영하며, 이주민 구금을 최소화하고 인도적 차원의 대안 마련을 골자로 한다.

이와 관련하여 이주근로자의 인권을 연구한 정지현·김영순(2012)에서는 생산현장에서 외국인 근로자와 함께 근무한 한국인 근로자에 대한 다문화감수성 확보를 위한 교육이 시급하다고 지적한다. 나아가 외국인 근로자와 함께 근무한 기간이 긴 한국인 근로자에 대해서는 다문화감수성 발달을 도울 수 있는 교육을 통해 이를 더욱 증진하고 확장해야 한다고 주장하고 있다. 이들 연구에서는 이주민 인권을 이주민 자체에 초점을 두기보다 함께 일하는 한국인 근로자의 다문화감수성 습득을 강조했다.

하종천(2018)은 기업 차원에서도 기업 내에 다양한 문화를 가진 인력들로 인해 한국인 경영자와 한국인 근로자들의 다문화감수성 문제를 외국인 인력관리와 연결하여 제시하고 있다. 이 연구에서는 중소기업 경영자의 다문화 인식개선이 다양성 경영의 효율성을 높이는 것으로 상정했다. 나아가 외국인 근로자의 조직 문화적응과 사회적응을 돕기 위해 세 가지 사항을 제안하고 있다. 첫째, 중소기업 경영자의 다문화 인식개선 노력이 이루어지기 위해서는 다문화 전문 강사들이 지속적으로 다문화 관련 교육을 제공해야 할 것이다. 둘째, 외국인 근로자들의 고용정책이 체계적으로 개선될 필요성이 있다. 셋째, 중소기업 경영자들은 외국인 근로자의 다문화 활동 또는 다문화 행사에 지원과 관심을 가져야 할 것이다.

임춘희(2016)는 서천군의 외국인 근로자 고용 사업주들을 대상으로 연구했다. 이 연구에서 외국인 근로자들은 고령화와 인력난을 겪고 있는 서천군의 어업과 제조업 분야의 인력 부족 해소에 기여한다고 주장했다. 아울러 저임금의 근로 인력으로 인한 편익과 지역경제의 활성화에 기여할 수 있다고 본다. 또한 다양한 국가 출신의 외국인력 유입은 지역의 문화적 다양성과 지역민의 다문화감수성을 제고하는 데 기여할 수 있다고도 했다. 이와 같이 외국인 근로자의 인권 침해와 생활 만족도, 외국인 근로자의 문화적응 및 생활 만족도, 중소기업 경영자의 다문화 인식개선에 관한 연구들이 지속적으로 증가하고 있다.

상기 외국인 근로자를 고용한 중소기업 경영자와 외국인 근로자와 함께 근무하는 한국인 근로자에 관한 연구는 대부분 다문화 인식개선을 위한 제언으로 다문화감수성 확보를 요구한다. 다문화감수성은 다양한 문화를 이해하는 데 필요한 역량이며, 다양한 문화를 접하는 민감성 여부를 포함한다.

이와 같은 다문화감수성은 허영식(2014)의 관점에서 보자면 상호문화소통과 관련이 깊다. 문화가 다른 의사소통 참여자들 간에 오해와 갈등이 생기는 것은 소통참여자의 언어적 혹은 비언어적 행동과 행위 및 태도를 잘못 해석해서 생길 수 있다는 것이다. 이러한 잘못된 해석은 무지 아니면 잘못된 경험에 기초를 둘 수 있다. 그러므로 이주 근로현장에서 상대방을 이해하려고 하는 타자성과 다문화감수성은 상호문화소통을 위해 중요한 기능을 한다.

상호문화적 의사소통 과정은 인간 상호관계에서 스스로 체득한 관습적인 말과 행위가 의사소통 참여자 상호 간에 적응하면서 변화되기도 한다. 그래서 상호 간의 소통과정에서 행동을 제대로 인지하거나 해석하지 못할 경우, 소통참여자의 불쾌감과 오해로 인해 소통 중단으로 이어질 수 있다. 이와 반대로 소통참여자의 충분한 상호문화소통은 관계를 성공적으로 이끌 수 있으며, 이렇게 소통이 진행될 경우 타자를 이해하거나 인정을 넘어서서 타문화에 대한 존중으로까지 이어질 수 있을 것이다.

이 연구에서는 외국인 근로자가 일하는 생산현장에서 이들을 고용한 중소기업 경영자의 다문화 인식은 물론 이를 토대로 다양성 경영을 위한 방향을 제언하고자 한다. 또한 중소기업 경영자가 겪는 외국인 근로자에 대한 상호문화 경험을 분석하고, 그 경험의 본질에 내재된 의미를 탐색하고자 한다.

2.
연구방법

1) 연구개요

본 연구는 중소기업 경영자의 다양성 경영과 다문화 인식 실태를 탐색하고, 외국인 근로자와의 상호문화 경험의 의미를 해석하는 것을 목적으로 한다. 이를 위해 질적연구 방법 중에서 사례연구 방법(case study)을 선택했다. 사례연구 방법은 단일 또는 복합적인 사례에 대해 현상을 심층적·집중적으로 기술·분석하여 현상의 복잡성을 이해하려는 연구 방법이다(Merriam, 1994; 김영순 외, 2018). 따라서 사례연구는 하나의 '경계 지어진 체계', 하나의 사례 또는 여러 사례를 다양한 정보원을 포함하여 자료를 세부적·심층적으로 풍부하게 수집·탐색한다. 본 연구는 가설적으로 설정한 변인 간 인과관계를 실험이나 조사 상황 변수를 통제하여 밝히는 양적연구 방법으로는 규명하기 힘들다. 이는 한국인 중소기업 경영자 및 한국인 근로자의 상호문화 인식은 물론 외국인 근로자와의 상호문화 경험에서 경영자들의 목소리와 논리로 제시되는 경험적 의미를 해석하는 데 목적이 있기 때문이다.

질적연구는 실험이나 조사를 통해 객관적으로 가정된 질서의 진위를 입증하기보다는 한 인간 집단이 어떤 질서 속에서 생활하고 있는가, 왜 그러한 질서 체제를 구성하게 되었는가를 이해하는 데 더 관심을 두며 현상 이면에 내재한 가치체계나 신념체계, 행위 규칙, 적응 전략 등을 파악하고자 할 때 유용한 연구 방법이다(정지영, 2014). 이러한 질적연구는 참여자들의 상황 또는 현상의 의미를 어떻게 만들어가는 것인지 그들의 언어와 논리 속에서 이해하는 데 관심이 있다. 따라서 행위의 의미를 찾기 위해 현상, 과정, 사람, 관점, 세계관에 관한 관련 자료를 풍부하게 수집하고 기술한다. 이때 특정 개념이 일상적인 사람들의 행동 속에서 구체적 맥락과 함께 기록되면 그 행동의 의미는 당사자들의 주관적 세계 속에서 이해된다(최종임, 2017).

본 연구의 지향점은 중소기업 경영자의 외국인 근로자와의 상호문화 경험을 분석하고 해석하여 향후 사회통합정책 개선에 도움이 되고자 한다. 앞서 언급한 바를 기본 토대로 본 연구에 질적연구 방법이 적합한 이유를 설명하면 다음과 같다.

첫째, 질적연구는 특정 주제에 대해 이제까지 알려진 바가 너무도 제한적이어서 심층적 이해가 필요하며, 그 주제에 대한 탐색적 조사가 필요하거나 실제로 어떤 삶을 살고 있는 사람들의 시각에서 어떤 의미를 도출하고자 할 때 유용하다(김영천, 2012). 또한 질적연구는 분석과 설명 방법에서 특정 현상의 복합성과 세부 사항 및 전체 맥락을 심층적으로 포착함으로써 풍부하고 상황적이며 세부적인 자료를 바탕으로 그 현상의 완숙한 이해에 도달할 수 있다(Jennifer, 1996: 김두섭 역, 2004). 이에 본 연구는 중소기업 경영자의 외국인 근로자와의 상호문화 경험에 관한 학술적 연구가 매우 제한적이라는 점과 질적연구가 그 관계성을 사실적으로 보여줄 수 있다는 점에서 질적연구 방법이 본 연구에 적합하다고 판단했다.

둘째, 질적연구는 참여자인 내부자의 관점을 기술하고 이해한다는 점이 특징이며 양적 연구에서 의도하는 일반화와 이론의 검증, 법칙의 규명과 달리 특정한 생활세계에 대해 참여자가 가지고 있는 관점과 시간을 기술하고 이해하고자 한다. 즉, 연구자가 미리 설정한 이론이나 가설로 현장을 설명하거나 개념화하기보다는 내부자적 시각에서 그들이 세상을 어떻게 바라보며 이해하고 행동하고 있는지를 찾아서 서술하는 데 그 기본 목적을 둔다. 다시 말해 그들의 관점에서 세상을 이해하는 방식을 배우려고 하는 것이 질적연구의 특징이라고 할 수 있다(김영천, 2016). 이는 현상, 사람, 사물 등 어떤 수량화나 범주화가 더해지기 이전의 상태, 즉 '있는 그대로'의 상태에 가장 근접하고자 하는 것이다. 따라서 연구참여자들의 경험을 깊이 있게 드러내고 여러 사람에게 심층적인 이해를 줄 수 있는 연구방법이라는 점에서 본 연구자는 중소기업 경영자 및 한국인 근로자의 다문화 인식이나 외국인 근로자와의 상호문화 경험을 통해 정책적 방안을 이해하고, 방향을 제안하는 데 적절하다고 보는 이유도 그중 하나다.

질적연구는 특정한 사례에 대한 연구 관심이 일반화를 목적으로 하는 양적 표집 연구와 달리 연구자가 관심을 두고 있는 특별한 사건이나 사례, 현상에 대해 심층적으로 연구하고자 한다는 점에서 질적연구를 '사례연구'라는 용어로 표현하기도 한다(김영천, 2016). 따라서 질적연구 방법을 활용한 사례연구는 사회적 현상과 문제 가운데 학문적으로 확실히 정립되어 있지 않은 분야에 대해 관찰력과 통찰력을 자극하고, 소수의 제한된 사례를 집중적으로 연구하는 데 활용되며, 개인 및 집단이나 지역사회와 그들의 상황과 맥락에 관한 충분한 정보를 얻을 수 있다. 그뿐만 아니라 더 나아가 다른 비슷한 사례들과의 공통성을 밝혀 일반화를 시도하는 데 사용되고 있다(신경림 외, 2004).

인(Yin, 2009)의 설계유형 분류에 의하면, 본 연구는 단일사례연구와 다중사례연구 유형이 있다. 단일사례연구는 하나의 이슈 또는 현상에 초점을 두고 이슈를 예증하기 위한 하나의 경계를 가진 경우다. 사례가 매우 독특하고, 대다수 사례를 대표하며, 종단적인 사례연구에 적합하다고 볼 수 있다(신은혜, 2018). 다중사례연구는 하나의 이슈가 아니라 경계 지어진 다수의 이슈에 관심을 두고 이를 검증하기 위해 다중사례를 선택하는 경우다. 동일한 연구 내에 2개 이상의 사례를 포함하는 방법으로, 일반적으로 단일사례연구보다 설득력이 있으며 최근 증가하는 추세다.

본 연구의 경우, 크레스웰(Creswell, 2007)이 제안한 바와 같이 개별 사례의 세부적인 기술과 사례 내의 주제를 제시하고, 사례를 통합하여 공통적인 주제를 분석하며, 각 주제의 의미와 해석을 제시하는 결과분석 구성이 적절하다고 보았다. 크레스웰(2007)이 제시한 사례 내 분석에서 사례의 기술은 사례에 대한 견해를 세밀하게 진술하는 것이며, 사례에 대한 주제도 포함한다. 설계유형에서 다중사례연구를 선택하여 2개 이상의 사례에서 나오는 비교 및 반복 분석의 결과가 더 현실적이고 단일사례연구에 비해 연구 결과의 타당성을 확보할 수 있기 때문이다(Yin, 2009).

본 연구는 중소기업 경영자 및 한국인 근로자의 다문화 인식과 외국인 근로자와의 상호문화 경험을 통해 범주화에 대한 타당도를 확보하고자 지오르기(Giorgi, 1985)가 제시한 유효성 확인(Michael, 2001)을 거치고자 노력했다. 또한 연구의 타당도를 높이기 위해 질적 사례연구에 관한 연구 경험이 있는 교수 1인과 박사 1인을 통한 삼각측정법을 적용했다. 삼각측정법이란 여러 각도에서 여러 사람이 여러 가지 방법으로 연구대상에 대한 자료를 수집하는 방법이다. 즉, 협력적 증거를 끌어들임으로써 사례연구 결과를 확증하는 것이다. 이는 사례연구 결과의 타당성을 점검하기 위해 다양한 자료 수집 방법, 자료원, 분석가들, 혹은 이론들을 활용하는 과정이다.

2) 연구참여자

본 연구에는 3개의 연구참여자 그룹이 있다. 우선 외국인 근로자를 고용한 한국인 중소기업가의 다문화 경영 실태와 다문화 인식을 조사하기 위한 연구참여자 집단(A그룹)이며, 두 번째 집단은 한국인 중소기업가들의 상호문화 경험을 탐색하기 위한 집단(B그룹)이다. 또한 세 번째 집단은 외국인 근로자와 함께 근무하는 한국인 근로자 집단(C그룹)이다. 첫 번째 연구참여자 그룹의 경우 모든 연구참여자는 자신이 경영하는 회사의

〈표 0-2〉 A그룹 연구참여자 현황

연구참여자	연령	성별	학력	경력(년)	외국인 근로자 수(명)
A-01	50대	여	박사 과정	16	12
A-02	50대	남	고졸	18	25
A-03	40대	남	고졸	15	4
A-04	40대	남	고졸	16	12
A-05	60대	남	석사	30	16
A-06	50대	남	대졸	23	4
A-07	60대	남	박사	30	17

대표이사직을 수행하고 있다. A그룹의 연구참여자 현황은 위의 〈표 0-2〉와 같다.

먼저 A그룹을 연령별로 보면 40대가 2명, 50대가 3명, 60대가 2명이었다. 이들의 경력은 15년 이상 30년 이하로 조사되었고, 성별은 여성 1명과 남자 6명이며, 고졸 학위부터 현재 박사까지 학력이 다양하다. 연구참여자들은 모두 우리나라 뿌리산업의 다양한 제조 생산업에서 생산 제품을 연구 또는 개발하거나 생산하는 업체로 생산직 근로자를 고용하는 데 어려움을 겪고 있는 중소기업 경영자들이다.

두 번째 B그룹은 외국인 근로자를 고용한 중소기업 경영자들의 상호문화 경험을 살펴보기 위한 집단으로, 모두 7인으로 구성되었다. B그룹의 연구참여자 현황*은 다음 〈표 0-3〉과 같다.

B그룹 연구참여자를 연령별로 보면 40대가 1명, 50대가 4명, 60대

〈표 0-3〉 B그룹 연구참여자 현황

연구 참여자	연령	학력	경력 (년)	사업장 지역/업태	외국인 근로자 수(명)	한국인 근로자 수(명)
B-01	45	석사	15	경기/제조	5	2
B-02	57	대졸	23	경기/제조	6	6
B-03	56	고졸	26	인천/제조	4	7
B-04	62	대졸	35	경기/제조	12	23
B-05	59	대졸	28	인천/제조	6	6
B-06	56	대졸	15	경기/제조	6	25
B-07	65	고졸	19	인천/제조	8	6

---

*   연구참여자들의 기업 생산 품목에 관해서는 연구참여자의 개인별 특성에 기술했다.

가 2명이었다. 이들의 경력은 15년 이상 35년 이하로 조사되었으며, 남자 7명이었다. 연구참여자들은 모두 우리나라 중소기업 중요산업에서 다양한 제조 생산 제품을 연구 또는 개발·생산하고 있는 업체로 생산직 근로자들과 상호문화소통에 어려움을 겪고 있는 중소기업 경영자들이다.

세 번째 연구참여자 C그룹은 현재 제조업에 종사하면서 경기도와 인천에서 생산 활동하는 외국인 근로자들과 함께 근무하는 한국인 근로자들이다. 세 번째 C그룹은 한국인 근로자 9명으로 구성했다. 이들의 현황은 다음 〈표 0-4〉와 같다.

〈표 0-4〉에서와 같이 연구참여자들은 대부분 40~50대로 구성된 남성들이며, 외국인 근로자와의 근무 기간은 3~9년이다. 연구참여자 3명은 한국인 근로자가 많은 곳에서 근무하고 있으며, 나머지 6명은 외국인 근로자가 많은 곳에서 근무하고 있다.

〈표 0-4〉 C그룹 연구참여자 현황

연구 참여자	연령	외국인 근로자 수/ 한국인 근로자 수	학력	직업	근무지	근무 기간 (년)
C-01	45	6/35	고졸	○○정공	경기	5
C-02	48	6/35	대졸	○○정공	경기	4
C-03	38	6/35	고졸	○○정공	경기	3
C-04	42	25/12	고졸	○○금속	경기	6
C-05	46	25/12	고졸	○○금속	경기	7
C-06	53	25/12	고졸	○○금속	경기	8
C-07	55	25/12	고졸	○○금속	경기	9
C-08	47	5/4	대졸	○○이엔지	인천	6
C-09	44	5/4	고졸	○○이엔지	인천	5

3) 자료 수집 및 분석

첫 번째 연구 문제인 '외국인 근로자를 고용한 중소기업 경영자의 다문화에 대한 인식 및 태도는 어떠한가?'에 대한 문제해결을 위해 외국인 근로자를 고용한 중소기업 경영자들을 대상으로 심층 면담을 실시했다. 질문지는 외국인 근로자에 대한 중소기업 경영자의 인식, 외국인 근로자의 문제점에 대한 중소기업 경영자의 인식, 중소기업 경영자의 다양성 경영 실태 및 개선 방안 등 세 가지 영역으로 구성되었으며, 이에 대한 질문 영역 구성은 다음 〈표 0-5〉와 같다.

〈표 0-5〉 A그룹 심층 면담 질문 내용

구분	질문 내용
질문 1	외국인 근로자에 대한 중소기업 경영자의 인식
질문 2	외국인 근로자의 문제점에 대한 중소기업 경영자의 인식
질문 3	중소기업 경영자의 다양성 경영 실태 및 개선 방안

인터뷰 참여자가 질문에 응할 수 있도록 질문 내용을 선정하여 메일로 정보를 제공했다. 인터뷰 시 인터뷰 대상자의 동의를 얻어 내용을 녹취했다. 그런 다음 인터뷰 내용을 전사하여 분석하고 확증하는 단계를 거쳤다. 또한 중소기업 경영자의 다문화 인식 증진 방안과 다양성 경영에 대한 내용을 분석했다.

본 연구에서는 상호 관련된 면담을 중심으로 반구조화된 면담을 혼용하여 사용했다. 따라서 메일로 사전 정보를 근거로 질문지를 미리 준비하여 정확한 대답을 도출함과 동시에 연구참여자의 경험과 생각을 연구

<표 0-6> A그룹 심층 면담 진행개요

연구참여자	날짜	인터뷰 시간	장소
A-01	2018.3.12	16:00~17:10(70분)	회사 대표이사실
A-02	2018.3.13	10:00~11:00(60분)	회사 대표이사실
A-03	2018.3.14	13:00~13:50(50분)	회사 대표이사실
A-04	2018.3.15	10:00~12:00(120분)	회사 대표이사실
A-05	2018.3.20	10:30~11:35(65분)	회사 대표이사실
A-06	2018.3.23	10:00~11:00(60분)	회사 대표이사실
A-07	2018.3.30	16:30~17:35(65분)	회사 주변 모 카페에서

에 반영했다. 연구참여자 A그룹의 심층 면담 진행개요는 위의 〈표 0-6〉과 같다.

〈표 0-6〉에 나타난 것과 같이 심층 면담 소요 시간은 50~120분이었다. 심층 면담 전에 메일로 먼저 사전질문지를 보내 질문에 대한 답변을 정리하게 했다. 심층 면담 중에는 녹음기를 사용하여 녹취했으며, 면담을 진행하는 동안 중요한 사항을 메모했다. 심층 면담 후에는 녹취된 파일을 청취하며 내용을 전사했다. 전사된 내용을 바탕으로 질문이 추가로 발생한 경우, 전화로 조사했다.

B그룹의 경우 자료 수집은 문서 자료를 바탕으로 심층 면담을 통해 이루어졌다. 본격적으로 자료를 수집하기 위해 2020년 12월 1일부터 2021년 4월 9일까지 5개월에 걸쳐 외국인 근로자를 고용한 중소기업 경영자 7명을 대상으로 반구조화된 질문을 통한 심층 면담을 했다. 심층 면담의 질문 유형과 질문 내용은 〈표 0-7〉과 같다.

심층 면담은 본 연구자가 알고 있는 경영자들에게 사전에 연락하여

질문 유형	질문 내용
타문화 경험	• 고용하고 있는 외국인 근로자의 문화에 관해 알고 있거나 이주민센터 또는 일반 기관을 통해 교육 또는 공부한 적 있습니까? • 평상시에 다른 외국인 근로자의 문화권 혹은 타문화권 사람들의 다양성에 대해 이해하려는 경험이 있었나요? • 고용하고 있는 외국인 근로자와 언어적 · 문화적 소통에 어려움이 있나요?
상호문화 경험에 대한 이해	• 고용하고 있는 외국인 근로자와 상호 간 의사소통 시 본인의 문화와의 차이점에 대해 어떻게 생각하시나요? • 고용하고 있는 외국인 근로자와 원활한 의사소통 경험, 예를 들어 '서로 잘 통했다' 등의 경험이 있었나요?
상호문화소통에 대한 이해	• 고용하고 있는 외국인 근로자와 생산현장이 아닌 사적인 관계에서도 상호 간 대인관계를 경험한 적 있나요? • 고용하고 있는 외국인 근로자와 한국인 근로자 간 의사소통 과정에서 문제가 발생했을 경우, 어떻게 대처하나요? • 고용하고 있는 외국인 근로자와의 일상생활에서 서로 간의 의견이 다를 경우, 어떻게 행동하시나요?
상호문화소통을 위한 개선 방안	• 고용한 외국인 근로자에게 한국의 다양한 문화를 적극적으로 알리는 역할을 한 적 있나요? • 고용하고 있는 외국인 근로자에게 하고 싶은 말이 있나요? • 고용한 외국인 근로자의 정책 등과 관련하여 정부 또는 지방자치단체에 하고 싶은 말이 있나요?

연구목적을 이야기한 후 외국인 근로자와의 상호문화 경험에 대한 인터뷰 참여에 동의를 구한 후 심층 인터뷰를 진행하는 연구 방법을 취했다. 질적연구자는 특정 현상의 본질을 이해하기 위해 단순히 관찰만 하는 것이 아니라 직접 참여관찰도 한다. 즉 참여함으로써 직접 활동을 경험할 수 있고, 사건에 대한 감각을 키울 수 있으며, 자신이 느끼는 바를 기록할 수도 있다. 이러한 완전 참여는 "연구자들이 자신이 속해 있는 일상적 상황을 연구 상황으로 전환"할 때 주로 이루어진다. 이러한 과정에서 연구자

는 내부자(insider)이자 동시에 외부자(outsider)로서 경험한다. 연구참여자와의 심층 면담을 위해 사전 통화로 약속 장소와 시간이 용이한 곳으로 결정했고, 심층 면접은 일대일 개별로 실시했다. 이때 시간은 개인당 2회씩(회당 20~80분) 진행되었으며, 사전에 추후 미흡한 정보로 연락할 수 있음을 공지 후 실시했다. 심층 면담 진행 개요는 다음 〈표 0-8〉과 같다.

B그룹 중소기업 경영자와의 심층 면담을 위해 참여자의 동의하에 면담 내용은 녹음했고, 메모 노트에는 연구자에게 떠오르는 생각이나 질문을 즉각 기록하여 면담 진행 혹은 내용 분석 작업에 반영했으며, 녹음된 면담 자료는 연구자가 녹음된 내용을 들으면서 참여자가 구술한 것을 그대로 필사했다. 필사한 자료는 반복적으로 읽고 1차 내용 분석 후 추가 확

〈표 0-8〉 B그룹 심층 면담 진행개요

연구참여자	1차 면담	2차 면담	3차 면담	1, 2차 면담 장소
B-01	2020.12.20. (45분)	2021.03.16. (30분)	2021.04.02. (전화 20분)	자동차, 사무실
B-02	2020.12.18. (70분)	2021.03.18. (30분)	2021.04.05. (전화 20분)	연구참여자 사무실
B-03	2021.01.11. (80분)	2021.03.20. (35분)	2021.04.06. (전화 20분)	연구참여자 사무실
B-04	2021.01.11. (80분)	2021.03.26. (30분)	2021.04.07. (전화 20분)	연구참여자 사무실
B-05	2021.01.15. (80분)	2021.03.25. (30분)	2021.04.07. (전화 20분)	연구참여자 사무실
B-06	2021.01.16. (75분)	2021.03.30. (40분)	2021.04.08. (전화 20분)	연구참여자 사무실
B-07	2021.02.20. (80분)	2021.03.31. (35분)	2021.04.09. (전화 20분)	연구참여자 사무실

인이 필요한 부분이나 이해하기 어려운 부분은 2, 3차로 다시 면담했으며, 면담이 더 필요한 경우는 연구참여자들에게 전화로 추가 질문을 했다.

C그룹 연구참여자와의 심층 면담은 한국인 근로자의 편의를 고려하여 일정을 정해 시행했다. 면담은 연구참여자들이 편안하고 익숙한 공간으로 인식하는 곳에서 이루어졌다. 1회 면담 소요 시간은 1시간부터 1시간 30분 정도였다. 면담 방식은 직접 면담으로 시행했으며, 개별적으로 2회에 걸쳐 진행했다. 직접 면담은 9명의 참여자에 대해 각각 1회씩, 추가 면담도 1회씩 진행했다. 인터뷰 내용은 면담 직후 바로 전사하고 줄 단위 코딩을 통해 분석했으며, 모호하거나 필요한 경우에는 추가 면담에서 자료의 공백을 채웠다. 심층 면담은 반구조화된 방법으로 진행했다. 개인적인 갈등에 대해서는 구조화된 방법으로 인터뷰를 진행했고, 연구참여자의 반응과 대답에 따라 개방 질문을 병행했다. 또한 면담 시작 전에 인터뷰 시간과 내용에 대해 안내했으며 면담 거부권, 면담 중단권, 사생활 침해 거부권에 대한 참여자의 권리를 문서화하고 이를 안내했다.

위와 같은 자료 수집 과정을 걸쳐 얻어낸 자료들은 질적연구에서 자료를 분석할 때 일반적으로 사용되는 글래서와 스트라우스(Glaser & Strauss, 1967)가 개발한 반복적 비교분석법(constant comparison method)으로 이루어졌다. 반복적 비교분석은 '개방 코딩', '범주화', '범주 확인'(유기웅 외, 2012) 단계로 이루어진다. 개방 코딩이란 수집한 자료를 다시 읽음으로써 중요한 개념을 찾고 명명하며 구분하는 것을 의미한다(Strauss & Corbin, 1998). 다시 말하면, 개방 코딩 작업은 수집된 자료의 양쪽에 여백을 많이 두고 출력하는 것부터 시작한다. 그다음에 자료를 반복적으로 읽으면서 양쪽의 여백 부분에 연구 문제의 해답이 될 수 있는 부분을 표시하거나 자료를 명명한다.

본 연구에서는 심층 인터뷰 내용을 전사 파일로 만든 다음에 각 전사 파일을 다시 읽으면서 단어나 문장 또는 문단에 이름을 붙이고 개념화했다. 그 이후 두 번째 단계인 범주화 단계로 들어갔다. 범주화는 개방 코딩 이후에 이루어지는 단계로 개방 코딩을 통해 같은 코딩의 이름으로 분류해놓은 자료들을 상위 범주로 구분하여 범주에 이름을 붙이는 작업을 말한다. 범주화를 위해 개방 코딩된 자료를 '반복적으로 꾸준히 비교'해야 한다. 범주화 작업은 미리 자료들이 포함될 범주를 만든 후에 범주에 해당하는 자료들을 찾는 것이 아니라 많은 자료를 분석하여 이 자료들을 가장 잘 표현할 수 있는 상위 범주를 구성하는 귀납적인 작업이다. 이와 같이 본 연구에서 개방 코딩을 통해 코딩된 자료들을 서로 유사점 및 차이점에 따라 하위 및 상위 범주로 분류했다. 그리고 마지막으로 범주화 확인 단계가 이어진다. 범주화 확인은 범주화 과정을 통해 구성된 범주가 연구 문제와 관련하여 수집된 자료의 특성을 잘 설명하는 원자료를 재확인하는 작업이며, 이러한 과정을 통해 그동안 발견하지 못했던 자료를 새롭게 발견할 수 있다(유기웅 외, 2012). 따라서 본 연구에서 범주가 적절하게 잘 구성되었는지 확인하기 위해 범주화된 내용을 원자료와 비교하면서 확인했다.

자료 분석 과정은 다음과 같은 단계로 진행했다. 1단계에서 먼저 심층 인터뷰 자료는 본 연구와 관련하여 의미 있는 문장과 절로 분류한 전사 내용을 코딩하여 주제를 도출하는 기본적인 내용 분석으로 했다. 이를 위해 2단계에서는 각 코드의 의미하는 바를 분석하여 얻어진 자료를 모아 첫 번째 부호집(cordbook)을 작성했다. 그 후 원자료를 반복하여 검토하며, 새롭게 추가하거나 통합할 수 있는 코드 또는 분리하는 작업을 통해 계속적으로 부호집을 개정했다. 이러한 과정을 통해 키워드 및 범주 간의 관계를 고려하여 소주제를 도출하고, 범주의 상호관계를 분석하면서 중요한 범주를 생성해나갔다. 면담 내용을 연구의 목적과 내용에 맞게 분류 · 분석하는 작업을 하여 의미를 도출했다.

3단계에서는 전사 자료에 대한 분석 후 누락되거나 왜곡된 결과가 없는지 확인하기 위한 절차로 이메일과 전화를 통해 연구참여자와 확인면담(member check)을 실시했다. 또한 신뢰도와 타당도를 위해 연구자는 아이스너(Ellion W. Eisner, 1988)가 제안한 준거, 즉 구조적 확증, 합의적 정당성 및 참조적 적절성을 활용했다.

먼저, 구조적 확증은 다양한 자료를 서로 관련시키는 방법으로 신뢰성을 확보하고자 인터뷰, 전사 자료, 현장 노트 등의 자료를 활용했다. 합의적 정당화를 위해 기술, 해석, 평가, 외국인 근로자를 고용한 중소기업 경영자의 상호문화 경험 전반에 관한 사항이 도출된 의미 주제 부여가 맞는지 확인하기 위한 동료 연구자 사이의 합의를 말하며, 이를 통해 타당성과 일관성을 확인하는 다각도 분석 및 참여자 확인 면담(member check)을 범주화 과정에 활용했다. 참여자들과 공유하여 참여자들이 더 잘 이해할 수 있도록 참조적 적절성 준거(Eisner, 1988)를 활용하여 수집된 자료와 범주화된 주제의 일관성을 확인하여 자료의 진실성과 연구의 타당성을 확보했다. 자료 분석의 단계별 과정은 다음 〈표 0-9〉와 같다.

또한 이 연구는 연구자들의 소속 기관인 인하대학교 기관생명윤리위원회의 심의 절차를 거쳐 연구승인(200519-1A)을 받았으며, IRB 승인 이

〈표 0-9〉 질적 자료

1단계		2단계		3단계		4단계
전사 및 코딩 연구자 부호화	⇨	내용 분석 의미 및 주제에 대한 범주화 도출	⇨	동료 연구자 간 분석 내용 확인 및 협의	⇨	최종 주제 확정

후 연구참여자 모집 단계에서 자발적인 참여 의사를 밝힌 사람에 한해 연구 내용을 충분히 전달한 후 연구 동의서를 획득함을 기본 원칙으로 했다는 것을 밝힌다. 또한 심층 면담 시 연구참여자의 사생활이 노출될 수 있고, 그의 일상적 삶의 민감한 부분이 공개될 수 있다. 이 때문에 연구진은 개인의 사생활 보호, 양심의 자유 보장, 상호 신뢰의 약속 보장 및 연구 참여에 대한 개인의 자유의사에 따른 자발적 보장 등 윤리적 기준을 준수했다(Reynolds, 1979).

먼저, 심층 면담에 앞서 연구 과정 동안 참여자의 윤리적 측면을 보호하기 위해 연구목적, 연구 방법 및 연구 절차, 연구대상자에 대한 권리 보호, 개인정보와 비밀보장, 참여 보상에 관해 상세한 설명문을 연구참여자에게 안내했다. 연구참여자와의 면담 시작 전 면담 내용의 녹음 · 녹취 등에 대한 사전 설명과 함께 면담에서 심리적 불편함이 발생했을 경우 연구참여자의 의지에 따라 즉각 중단할 수 있다고 설명한 후 서면동의를 받았다. 심층 면담 후 연구 분석 과정에서 연구자는 비밀과 사생활에 침해되지 않는 방향으로 글쓰기가 이루어지고 있는지, 연구참여자들의 개별적인 목소리가 그들의 의도에 맞게 주장되고 있는지, 이 연구가 출판된 후에 끼칠 수 있는 영향력이 무엇인지 고려함과 더불어 연구자의 책임을 느끼며 연구에 임했다. 또한 연구를 위한 참여관찰과 심층 인터뷰 시 연구참여자들에게 인터뷰 과정에서 불편감이나 어떠한 불이익이 없도록 연구윤리를 준수했다. 본 연구 결과는 연구참여자와 외국인 근로자 간의 상생과 공존을 위한 정책 자료로 활용될 가치가 있을 것으로 생각한다.

1장

외국인 근로자의
실태와 문화적응

1.
외국인 근로자 현황

　세계화로 인해 세계 간의 국경이 점점 더 사라지는 지구촌에서 민족 간, 인종 간 이동이 급속히 증가하고 있다. 20년 동안 노마드에 대해 연구한 자크 아탈리(Jacques Attali)는 자신의 저서 『호모 노마드, 유목하는 인간』에서 "갈수록 상업적·경제적 노마디즘의 가속화로 향후 50년 내 10억 명 이상의 인구가 자기가 태어난 나라가 아닌 다른 나라에서 살게 될 것"이라고 예견하고 있다(자크 아탈리, 2005). 이에 따라 전 세계적으로 많은 사람이 더 나은 삶을 위해 새로운 터전으로 이주하는 현상은 물론이고, 국내에도 외국인 근로자가 급속도로 증가하고 있다.

　특히, 최근에는 경제적 발전을 이룬 국가들이 저출산·고령화 등 인구 감소로 인해 아시아 지역뿐만 아니라 전 세계적으로 근로이주를 활발하게 받아들이고 있다. 이러한 변화에 따라 인도네시아, 방글라데시, 베트남, 필리핀, 우즈베키스탄 등 개발도상국에서는 경제 개발 및 외화 획득을 목적으로 자국의 근로력을 계속해서 외국으로 송출하고 있다. 그래서 싱가포르, 일본, 한국, 대만 등 상대적으로 고임금과 경제적으로 발전한 국가에서는 자국의 부족한 근로력 문제를 해결하기 위해 중소기업에서, 특히 생산 업종에서 외국인 근로자를 수용하고 있다. 그러나 국제이주를 통해 이동한 외국인 근로자의 삶이 법적으로 보호받지 못하고 있는 것도 현실이다.

국제사회에서는 1990년 12월 18일 「모든 이주근로자와 그 가족의 권리보호에 관한 국제협약(International Convention on the Protection of the Rights of All Migrant Workers and Members of Their Families, 이하 '이주근로자권리 협약'이라 약칭함)」을 채택하여 2003년 7월 1일로 발효했다. 이 협약은 외국인 근로자와 그 가족을 사회적 이웃으로 인정하고 그들의 권리보호를 체계화하고 명문화한 첫 번째 협약으로 한 사회에서 차별을 야기할 수 있는 사회적 문제에 대해 인권과 정책적 접근을 시사하고 있다.

한국 사회는 1980년대 말부터 경제적 고도성장, 저출산, 고령화, 생산 업종 기피 현상으로 인해 생산현장에서 인력난을 겪으면서 외국인 근로자 유입이 급증했다. 처음에는 관광비자 또는 단기 방문비자로 한국에 들어와서 일하다가 1988년부터는 저숙련직을 중심으로 개발도상국 출신들이 유입되었다. 한국 사회에 유입된 외국인 근로자는 한국 사회에 적응해야 할 뿐만 아니라 조직문화, 특히 생산현장에서 한국인 동료들과의 생활에도 적응해야 하는 이중적인 어려움을 겪고 있다. 그렇기 때문에 외국인 근로자들과 한국인 동료 간의 상이한 가치체계와 문화적 차이에서 오는 이질감으로 인해 문화적 갈등은 당연히 뒤따라올 수밖에 없을 것이다.

내국인과 외국인 근로자의 사회통합을 위해 외국인 근로자의 삶과 생산현장에서의 갈등이 무엇인지를 밝혀내는 것이 선행되어야 할 것이다. 즉, 외국인 근로자의 생산현장에서의 어려움은 결국 갈등이라고 볼 수밖에 없을 것이다. 다시 말하면, 외국인 근로자들의 언어적 소통의 어려움 및 생산현장의 열악한 환경 그리고 문화적 차이로 인한 갈등은 한국 사회의 사회통합을 저해하는 요소 중 대부분을 차지하고 있다. 이러한 한국 사회로 유입된 외국인 근로자들의 사회문화적 갈등을 해소하기 위해 정부와 지방자치단체 및 시민단체에서는 다양한 대책 마련을 강구하고 있는 실정이다.

한국으로의 외국인 근로자 유입은 1991년 '해외 투자 기업 연수생제'를 도입하여 1993년 '산업연수생제', 2000년 '연수취업제'로 변화되었다. 그러나 이러한 산업연수생제도는 근로자를 연수생이라는 신분으로 활용함으로써 근로법의 보호로부터 소외시키고, 불법체류를 악용한 인권침해 문제 등이 대두되었다. 이에 따라 2003년 송출비리 방지 및 외국인 근로자 균등대우를 위해 「외국인 근로자의 고용 등에 관한 법률」을 제정했다. 이후 2004년 '고용허가제'가 수립되면서 산업연수생제와 같이 시행되었다. 그러나 2007년에는 산업연수생제가 폐지되고, 고용허가제로 일원화함으로써 고용허가제만으로 외국인력을 수용했다. 하지만 이러한 고용허가제는 고용관리 측면에서 외국인 근로자의 취업 기간을 정주화 방지를 위해 3년으로 설정했다. 만료 후에 외국인 근로자가 재고용될 경우 1회에 한정하여 2년 미만 범위(1년 10개월)에서 고용연장이 가능할 뿐이다.

2.
외국인 근로자 정책

　　한국에서 본격적으로 저숙련 외국인력정책이 시행된 것은 1993년 시행된 산업연수생제도 도입부터다. 산업연수생제도 도입 이후 외국인력 정책에 대한 전개 과정은 다음 네 단계로 구분된다(이규용, 2012).

　　첫째, 외국인력정책의 도입기(1993~2000)다. 1980년대 후반 이후에 내국인의 생산 업종 기피 현상이 나타나면서 단순 기능인력에 대한 부족 현상이 심각해지자, 정부는 외국인 근로자를 연수생 신분으로 도입하는 정책(산업연수생제)을 시행했다. 외국인 근로자를 활용한 경험이 전혀 없어서 불법체류자가 만연했고, 송출비리 문제가 불거지는 등 다양한 문제가 표면화된 시기였다.

　　둘째, 외국인 근로자를 둘러싼 갈등의 확대 시기(2000~2004)다. 이 시기는 연수생이라는 신분의 제약으로 도입 쿼터가 적었던 상황에서 외국인력에 대한 수요가 증가하여 불법체류자가 대량으로 양산되는 등 산업연수생제도가 유지되기 어려웠다. 그래서 산업연수생제도를 연수취업제로 전환(2000.04. 시행)하여 연수제도와 취업제도를 결합했지만, 본질적으로 제도개선은 이루어지지 못했다. 이 시기의 또 다른 특징은 2002년 11월부터 일부 서비스 분야에 외국국적동포의 취업을 허용한 취업관리제가 등장했다.

셋째, 고용허가제 도입 및 정착기(2004~2007)다. 이 시기는 고용허가제와 기존 산업연수생제도의 병행기(2004~2006), 고용허가제 정착에 따른 통합 시기(2007), 동포 인력의 저숙련 외국인력정책(고용허가제)으로의 통합 시기로 구분된다. 외국국적동포에게 방문 동거 체류자격(F-1-4)을 부여하고 국내에서 취업 활동을 허가한 취업관리제는 '특례고용허가제'라는 이름으로 고용허가제에 통합되었다.

2007년 3월 4일부터는 국내에 호적 또는 친족이 있는 외국국적동포뿐만 아니라 국내에 연고가 없는 외국국적동포에게도 취업을 허용하는 특례고용허가제(방문취업제)를 도입했다. 이에 따라 고용허가제는 일반외국인을 대상으로 하는 '일반고용허가제'와 외국국적동포를 대상으로 하는 '특례고용허가제(또는 방문취업제)'로 구분된다. 이 시기에는 일반고용허가제와 특례고용허가제로 이원화된 형태를 갖추고 있었다.

넷째, 고용허가제 발전기(2007~현재)*다. 문제점이 전혀 없는 것은 아니지만, 고용허가제가 안정적으로 정착되어가는 시기다. 현행 일반고용허가제는 기능수준 평가, 한국어능력시험, 외국인 알선 시 3배수 추천제 등 시장 수요에 맞는 외국인력 선발·도입을 지향하며, 외국인 근로자들이 국내에 정주하지 않도록 제도가 설계되어 있다. 취업 기간은 3년이고, 재고용 시 1년 10개월 연장(총 4년 10개월) 후 그 기간이 끝나면 본국으로 귀국하도록 설계되어 있다. 다만, 2012년 7월 2일부터 성실근로자 재입국제도

---

* '현재'라는 의미는 '고용허가제'라는 외국인 근로자 정책에 관한 법이 제정된 이후 지금까지 변경되지 않고 있어서 본 연구가 진행되어 완성된 지금 시점까지를 말한다.

도입으로 적격자에 대해서는 1회에 한해 재입국이 가능하다. 또한 외국인 근로자도 「근로관계법」 등 내국인과 동일한 대우를 받도록 하고 있다.

일반고용허가제는 현재까지 다음과 같은 변천 과정을 거쳤다. 첫째, 외국인력 고용허용업종의 변화다. 일반고용허가제 외국인력은 2004년 제조업, 건설업, 농·축산업으로 시작하여 2013년부터는 어업, 일부 서비스업(냉장·냉동 창고 등) 등으로 확대되었다.

둘째, 취업 활동 기간의 변화도 이루어졌다. 제도설계 당시 3년에서 2009년 11월부터 사용자가 재고용 허가를 요청한 3년 만기 근로자는 1회에 한해 1년 10개월 취업 활동 기간을 연장할 수 있어서 현재 가능한 취업 활동 기간은 4년 10개월(2009년 11월 시행)이다. 자격 적격자는 1회에 한해 재입국이 가능하다.

셋째, 내국인 근로시장을 보호하기 위해 사업주가 고용허가를 신청하기 위해서는 내국인 의무 구인 노력을 하도록 하고 있다.

넷째, 고용허가제의 주요 쟁점 중 하나는 사업장 변경허용요건이다. 사업장 변경요건은 다음 〈표 1-1〉과 같다.

다섯째, 외국인력 배정 점수제를 시행하고 있다. 외국인력 고용허가 사업장은 인력난이 심한 정도, 모범적인 외국인고용 지표 등을 점수화하여 점수 순에 따라 우선적으로 외국인력을 배정하도록 하고 있다. 이 제도는 2012년 4월 농축산업, 어업, 건설업에 시범 적용되었으며, 2012년 10월 점수 항목 등을 일부 개선하여 제조업으로 확대되었고, 2013년부터 전 업종으로 확대되었다.

여섯째, 우수인력의 선발·공급 추진이다. 이는 한국어능력 우수자와 기능 수준 우수자 선발로 구분된다. 한국어능력 우수자 도입 및 인력선발의 투명성을 높이기 위해 한국어 보급 확대 및 한국어시험 운영을 개선

〈표 1-1〉 일반고용허가제 근로자의 사업장 변경 제도 변화

	2004년 8월	2009년 12월	2012년 7월~현재
사업장 변경 사유	① 근로계약 해지 · 종료 ② 휴 · 폐업, 외국인책임× ③ 고용허가 취소, 고용제한 ④ 상해 등	① 근로계약 해지 · 종료 ② 휴 · 폐업, 외국인책임× ③ 고용허가 취소, 고용제한 ④ 근로조건 위반, 부당처우 등 ⑤ 상해 등	① 근로계약 해지 · 종료 ② 휴 · 폐업, 국인책임× (근로조건 위반, 부당처우 포함) ③ 고용허가 취소, 고용제한 등 고용부 장관이 고시한 경우 ④ 상해 등
사업장 변경 횟수	• 3년간 3회 • 다만 ③, ④ 사유만으로 사업장 변경 시 1회 추가	• 3년간 3회, 1년 10개월 2회(단, 사유 ②는 횟수 불포함) • 입국 후 최초 사업장 배치 전 사용자 귀책으로 사업장 변경 시 1회 추가	• 3년간 3회, 1년 10개월 2회(단, 사유 ②는 횟수 불포함) • 입국 후 최초 사업장 배치 전 사용자 귀책으로 사업장 변경은 고시에 포함
비고	근로계약 종료 후 1개월 내 사업장 변경 신청, 사업장 변경 신청 후 2개월 내에 근무처 변경 허가를 받지 못하면 출국	근로계약 종료 후 1개월 내 사업장 변경 신청, 사업장 변경 신청 후 3개월 내에 근무처 변경 허가를 받지 못하면 출국(단, 업무상 재해, 질병, 임신, 출산 시 기간 계산에서 제외)	좌동

출처: 법무부 용역보고서(2013)

했다. 내용적으로 살펴보면 한국어시험, 한국어 표준교재 보급, CBT시험장 확대, 세종학당을 설치 및 운영하고 있다. 또한 사업주 수요에 맞는 인력선발을 위해 한국어시험 합격자 중 희망자를 대상으로 기능평가를 실시하고 사업주에게 결과를 제공하고 있다. 2008~2009년 어업 시범 실시후 2010년부터 모든 소수 업종에서 실시하고, 2011년 제조업까지 확대되어 전 업종에서 실시하고 있다.

일곱째, 외국인 근로자들이 국내에 유입되기 전에 송출국에서 사전 교육을 받도록 하고 있다. 이를 위해 15개 송출국에서는 사전취업교육기관(들)을 지정하여 45시간 이상(5~15일 정도) 합숙 또는 비합숙으로 한국어, 한국문화 등을 교육하고 있다.

한국은 대표적인 근로 수용국으로 2020년 5월 말 취업 자격에 따른 체류 외국인은 70여만 명 정도다. 이러한 수치는 법무부나 통계청에 의해 보고된 것으로, 불법 취업 체류 외국인을 포함한 미확인 외국인 근로자 수는 더욱 많을 것으로 예측되고 있다.

뵈닝(Böhning, 1984)은 외국인 근로자의 상황을 다음 〈표 1-2〉와 같이 이주 4단계로 설명하고 있다. 1단계는 단기 체류 미혼남성 근로자 중심, 2단계는 장기체류 기혼자 여성 비율의 증가, 3단계는 가족 상봉과 노인 비율의 증가, 4단계는 2세와 3세의 탄생으로 입국 적응 및 영구이민이 증가한다고 했다(김병조, 2009 재인용).

한국에서 외국인 근로자의 유형은 세 가지로 분류할 수 있다(차용호, 2015). 첫째, 법적 지위에 따른 분류다. 외국인 출입국 및 체류, 근로 활동

〈표 1-2〉 뵈닝의 이주 4단계 모형에 따른 한국 이주근로자 정책

단계		시기	비고
1단계	이주 시작	1988~1992년	88서울올림픽 이후부터 산업연수생제도 도입 전
2단계	이주 지속	1993~2004년	산업연수생제도 실시 이후부터 고용허가제 병행 실시 전
3단계	가족 재결합	해당 없음	제도적 원천 봉쇄
4단계	영구 정착	2004년 이후~현재	고용허가제 병행 실시 이후부터 현재

출처: 김영순 외(2016)

등을 통제하기 위해 비자나 체류허가증, 취업허가증 등 관련 서류를 구비해야 한다.

둘째, 국적과 혈통에 의한 분류다. 한국은 2003년 7월 31일 통과된 「외국인 고용법」에 의거, 2004년 8월부터 시행되고 있는 현행 '고용허가제'를 일반 외국인 근로자를 위한 '일반고용허가제'와 외국국적동포를 위한 '특례고용허가제'로 구분하고 있다. 특례고용허가제는 외국국적동포에 대한 포용정책의 하나로 2007년 3월부터 시행되었다. 이 제도는 북방동포 등에 대해 최고 5년간 규제 없는 출입국과 취업 기회가 주어지는 방문취업(H-2)의 복수비자(M)를 발급하고 있다. 방문취업비자를 가진 재외동포는 친척방문, 관광, 상업적 용무 등은 물론, 절차와 규정에 따라 허용된 다양한 업종(서비스업·제조업·농축산업·어업·건설업)에서 취업 활동이 가능하다.

셋째, 체류자격에 따른 분류다. 외국인 근로자를 분류하는 가장 쉬운 방법으로 체류자격에 따라 전문기술인력과 단순기능인력으로 분류한다. 한국에서 출입국관리법 시행령상 전문기술인력은 E-1(교수), E-2(회화지도), E-3(연구), E-4(기술지도), E-5(전문기술인력) E-6(예술흥행)의 일부 및 E-7(특정 활동)에 해당하는 전문직 종사자를 의미한다. 이에 반해 단순기능인력은 고용허가제와 방문취업제로 입국한 산업연수(D-3, E-8), 비전문취업(E-9), 방문취업(H-2) 자격이 되는 근로자가 대부분으로 제조업, 건설업, 어업, 농축산업 및 32개 서비스 업종에서 생산직, 서비스·판매 및 단순 직종 분야에 종사하고 있다. 외국인 근로자 유입은 국내의 저출산과 제조 업종을 중심으로 한 중소기업의 근로력 부족 현상을 고려해볼 때 불가피한 현상일 것이다.

한국 정부는 전문기술인력에서는 고급 인력을 선별적으로 허용하여 경제 · 사회적 효과의 극대화를 시도하고 있다. 그 외에 단순기능인력에 대해서는 국내 근로시장이 문제 되지 않는 선에서 최소한의 근로자를 수용하여 일정 기간 체류 후에는 고용허가제의 순환원칙에 따라 반드시 귀환하도록 함으로써 사회적 비용을 최소화하고자 하는 차별배제정책을 펼치고 있다. 이러한 정책은 송출국과 유입국의 사회 · 경제적 발전 효과를 고려하기 때문이다. 외국인 근로자가 영구 정착할 때 유입국에서는 그 자녀가 하층으로 자리 잡게 될 것이고, 송출국에서는 인구 감소와 근로력 기반구조의 약화를 초래할 가능성이 크다고 보는 것이다.

한국 정부는 이러한 정책적 측면에서 외국인 근로자가 한국에서 거주하는 동안 한국의 뿌리산업 유지에 이바지하도록 적응과 통합에 집중함으로써 외국인 근로자의 장기체류 및 정주화를 막고 있다. 외국인 근로자를 근로자가 아닌 근로력에만 초점을 맞춘 이러한 정책에 대해 외국인 근로자의 귀환이주와 사회통합에 대한 논의가 새롭게 이루어져야 할 필요성이 제기되는 이유다. 외국인 근로자를 포함한 이민자들이 사회통합에서 겪고 있는 편견과 차별, 문화적 차이 등의 문제해결은 국가의 사회통합정책과 긴밀히 연계되어 있으며, 많은 나라가 유입된 근로자들에 대해 서로 다른 통합방식으로 사회통합을 실천하고 있다. 이러한 외국인 근로자와의 사회통합과 관련하여 다음으로는 본 주제와 밀접하게 연관 있는 외국인 근로자들의 문화적응에 대한 이론을 다루어보고자 한다.

3.
외국인 근로자의 문화적응

　　외국인 근로자가 증가하고 이동성이 잦아져도 외국인 근로자에 대한 보편적인 인식은 전 세계적으로 크게 변한 게 없다. 외국인 근로자를 바라보는 우리의 시선 또한 범죄를 저지를 가능성이 있는 '예비 범죄자'이거나 우리의 일자리를 빼앗아가는 존재로 생각했다. 또한 외국인 근로자들은 열악한 근로환경과 인종차별로 인한 문화적응의 어려움으로 인해 정신적·신체적 불이익을 받고 있으며, 이로 인한 여러 가지 문제점을 발생시키고 있다(이미연·전민우·라정현, 2014). 예를 들어, 자국과 다른 문화 및 관습의 차이로 한국 사회에 적응하지 못해 그들이 거주하는 지역 내에서 그들만의 삶을 살거나, 차별로 인한 사회문화적 갈등이 발생하여 다양한 범죄 행위로 이어지고 있다.

　　이러한 외국인 근로자의 부적응 현상은 한국 문화에 대한 지식이 없는 상태에서 이주해서 경험하게 되어 나타나는 다양한 문제라고 할 수 있다. 낯선 문화에서 새로운 삶을 시작하는 경우, 이주하기 전의 사회에서 체득한 사회질서와 규범에 대한 혼란과 갈등으로 인해 여러 문제가 유발

되기 때문에 외국인 근로자의 한국 문화적응은 한 공동체의 지속적 안녕과 발전을 위해 매우 시급히 해결해야 할 문제가 아닐 수 없다.

오늘날 국제적 이동이 빈번해지면서 자신이 소유해온 기존 문화양식과는 다른 새로운 문화를 접하게 될 기회가 점차 많아지고 다양화되면서 수반되는 문화적응 갈등으로 인해 이주자들은 적응과정에서 오는 심리적인 스트레스를 경험하게 된다. 다시 말하면, 개인의 적응 능력을 넘어선 내·외적인 요구로 스트레스 개념에서 사회문화적 요소들을 확장시킨 심리·문화적 스트레스를 겪게 된다(임근영, 2008).

문화적응이란 다른 문화적 배경을 가진 집단이나 개인 간의 접촉으로 인해 변화가 발생하는 것으로 원칙적으로 쌍방 간의 상호작용을 내포하지만, 실제적으로는 수용하는 사회와 수용되는 사회 간의 힘의 불균형을 통해 어느 한 집단이 다른 집단에 비해 더 많은 변화를 경험하는 것이라고 할 수 있다(Berry, 1990).

정기선(2011)은 한국에 거주하는 외국인 근로자들의 문화적응 스트레스(acculturative stress)의 원인으로 이주지의 이질적인 사회문화적 환경, 의사소통의 어려움, 생활관습이나 작업방식 등의 차이를 주장했다. 이러한 문화적응 스트레스는 개인의 정신적, 심리적 또는 사회적으로 건강 상태를 감소시키는 원인이 되기도 하며, 이전에 보유하고 있던 사회질서와 문화적 규범에 대한 심리사회적 균형을 잃게 함으로써 혼란과 갈등을 초래하는 원인이 되기도 한다. 또한 집단 수준에서는 예전 사회의 권위, 예의범절의 유형이 달라지고 개인적 수준에서는 적대감, 불확실성, 정체감 혼란, 우울, 불안 등이 발생할 수 있다고 지적했다.

이와 같이 문화적으로 서로 다른 배경을 지닌 사람들이 만날 때 문화접촉이 이루어진다. 문화접촉은 크게 사회 내 접촉과 사회 간 접촉으로 구분된다. 사회 내 접촉은 한 사회 내에서 다양한 문화를 가진 하위문화 구성원들 간에 이루어지는 접촉이고, 사회 간 접촉은 한 사회의 구성원이 다른 나라에 유학이나 이주 등 일정한 목적을 가지고 갔을 때 생기는 접촉이다.

문화는 '인간 생활방식의 총체'로 언어나 사고, 예절, 지식 또는 정서적 반응, 기술, 제도나 사상 등 인간의 삶과 관련된 여러 영역을 총칭한다(Berry, 1997). 정체성(identity)은 개인이 지니는 자기의 존재 증명 또는 참된 자아, 자기의 단일성이나 연속성, 불변성, 주체성 등의 감각을 의미하며, 집단의 구성원 사이에서 형성되기도 한다. 이 경우 정체성은 공통된 가치관의 공유와 긍정적 역할을 매개로 하여 획득되는 연대감과 안정감에 기초하여 형성된다(Erikson, 1968). 따라서 특정한 문화의 정체성이란 특정 문화권의 구성원 대부분이 공유하고 있는 생활방식이나 특징에 대해 함께 느끼고, 자신을 한 민족문화 집단의 일원으로 인식하고 범주화시키며 동일시하는 것이라고 할 수 있다. 이 과정에서 문화적응 스트레스가 수반되는데, 문화적응 스트레스는 자신에게 이미 익숙해져 있는 문화의 가치가 있는 상황에서 또 다른 문화에 접촉하면서 겪게 되는 심리사회적 갈등의 정도다(Berry, 1990). 이주자는 스트레스를 많이 경험할수록 새로운 사회에서 불안감, 우울감, 소외감, 정체성 혼미 등의 부적응 양상을 보이고, 이러한 스트레스가 장기적으로 유지되고 관리되지 않을 경우 정신병리 등 부정적인 결과를 초래하게 된다. 이는 개인적 측면에서 신체적 · 인지적 · 사회적 장애를 유발하여 이주자의 한국 사회 적응을 어렵게 할 뿐만 아니라 극단적인 경우 자살로 이어질 가능성을 내포하고 있다.

문화적응 스트레스에 영향을 주는 일반적인 특성을 살펴보면, 이주자의 인구사회학적 · 심리적 · 사회적 특성으로 성, 연령, 교육 수준, 거주

기간, 이주 전 다문화 경험, 이주국의 언어능력, 이주하기 전 이주국과의 접촉 경험과 문화 경험 등이 문화적응 스트레스에 영향을 주는 것으로 알려져 있다. 또한 남성보다 여성이 더 문화적응 스트레스를 경험하는 경향이 있는데, 엄격한 가부장적인 사회일수록, 두 문화 간 성역할 기대 차이가 클수록 이주자의 심리사회적 적응에서 성별 차이가 나타난다(정인모 · 정순영, 2015). 허베이와 메가나(Hovey & Magana, 2002)는 차별이나 언어적 문제, 사회적 · 재정적 자원의 부족, 소외감, 문화적 비양립성, 가족과의 분리, 문화적 자부심과 분리 등을 문화적응 스트레스에 영향을 주는 요인으로 보았다.

이주자의 심리적 문화적응에 영향을 미치는 요인은 스트레스 대처 이론, 문화학습 이론, 사회인지 이론 등 세 가지 주요 이론으로 분석되었다(Ward, Bochner & Furnham, 2001). 스트레스 대처 이론에서는 이주자가 이주 사회에서 경험하는 문화적 변화에 정서적으로 어떻게 반응하고 대처하는가에 중점을 둔다. 이러한 관점에서 심리적 문화적응은 주로 삶의 만족도나 우울 등 정신적인 척도로 측정되며, 다양한 문화적 변화에서 비롯되는 문화적응 스트레스와 그러한 변화에 대처하는 이주자의 심리적 반응이 문화적응에 영향을 미친다. 여기서 문화적응 스트레스는 이주 사회의 언어, 생활방식, 가치 같은 환경적 · 문화적 변화로 인한 어려움을 의미하며, 대처란 이주자가 이러한 스트레스를 해결하기 위해 가지고 있는 자원으로서 개인의 성격이나 사회적 지지를 포함한다. 이주자가 문화적응 과정에서 어떤 것으로 인해 스트레스를 느끼는지 인식하고, 이러한 상황에 어떻게 대처할 것인지 결정하며, 이것이 결국 그들의 심리적 문화적응에 영향을 미친다고 할 수 있다. 스트레스 대처 이론에서 사회적 지지는 중요한 스트레스 대처 자원으로서 심리적 문화적응에 긍정적인 영향을 미친다(송인영·김영화, 2011). 사회적 지지는 가족, 친구, 이웃, 기타 사람에 의해 제공되는 여러 형태의 지원과 사람들과의 관계를 의미한다. 사회적 지지는 스트레스 발생 시 해결책을 제시해주거나 이에 대한 인식을 최소화함으로써 이주자의 심리적 문화적응을 돕는 역할을 한다(김오남, 2007).

국내에 유입된 외국인 근로자는 가족을 떠나 주로 혼자서 한국에 오기 때문에 친구나 지인과 같이 가족 이외의 사회적 지지가 중요할 것이다. 또한 이주자가 현지인과의 네트워크를 보유하는 것은 이주자의 심리적 문제를 감소시킬 수 있으며, 현지인과의 관계에 대한 만족도는 이주자들의 삶의 만족도에 긍정적인 영향을 미치는 것으로 나타났다(송인영·김영화, 2011).[*]

문화학습 이론에서는 문화적응을 이주자가 새로운 문화에 접촉하면서 문화적으로 기술과 행동을 습득하는 과정으로 보기 때문에 심리적 문화적응은 이주자가 이주 사회에서 필요한 새로운 능력을 습득하는 데 달려있다고 본다(Ward et al., 2001). 이주 사회에서 새로운 사회적 기술과 행동의 습득은 현지어 능력, 이주 사회에 거주한 기간, 모국과 이주국 사이의 문화적 차이, 이전의 외국 경험 등과 관련되어 있다(장은애·최영, 2010). 이주자의 의사소통 능력은 이주자가 이주 사회의 문화적 지식을 습득하는 데 영향을 미치고, 의사소통을 수월하게 해주는 등 문화적응에 긍정적인 영향을 미친다(장은애·최영, 2010). 이주자의 적응을 돕는 또 하나는 현지인과의 접촉이다. 이는 이주자가 현지인과의 접촉을 통해 이주 사회에서 필요한 의사소통 능력을 배울 수 있으며, 이주 사회에 더 참여할 수 있으므로 심

---

[*] 모국인으로부터 오는 사회적 지지는 이주자의 심리적 문화적응을 촉진할 수 있지만, 이주자가 모국인과의 관계에만 극단적으로 치우쳐 있는 경우에는 이주 사회 문화와의 단절을 가져와 이주자의 문화적응에 방해가 되기도 한다(송인영·김영화, 2011).

리적 문화적응을 촉진할 것이다(유승희, 2020).*

　사회인지 이론은 사람들이 내집단(in-groups)과 외집단(out-groups)에 대한 정보처리방식을 어떻게 하며, 자신과 다른 사람들에 대한 인식과 그러한 인식에 대한 대처방식을 어떻게 할 것인가를 문화적응 과정으로 보는 이론이다. 사회인지 이론에 따르면, 이주자들은 문화접촉을 통해 "나는 누구인가?"와 "내가 속한 집단의 구성원들은 다른 집단과 어떻게 관련되는가?"와 같은 질문에 대한 정체성의 변화와 다른 집단에 대한 가치 및 태도 등을 경험하게 된다(Ward et al., 2001).

　사회인지 이론에서는 특히, 서로 다른 문화를 가진 집단 간 관계에서 발생하는 내집단과 외집단 간 서로에 대한 인식에 주목한다. 사회심리학에 따르면, 사람들은 성공에 대해서는 자신의 내부에서 그 원인을 찾지만, 실패에 대해서는 외부에서 그 원인을 찾는다(Ward et al., 2001). 성공에 대해서는 스스로를 인정하지만, 실패에 대해서는 그 책임을 외부로 전가하는 이러한 성향은 자위하기 위한 일종의 왜곡이라고 할 수 있는데, 이러한 왜곡은 집단 간 관계에서도 발생한다. 다시 말하면, 사람들은 일반적으로 자신이 속한 집단에 대해서는 구성원들의 행동을 우호적으로 수용하는 반면, 다른 집단 구성원들의 행동에 대해서는 부정적으로 바라보는 경향이 있다. 이러한 내집단 우호주의는 자신이 속하지 않은 다른 집단에 대한 부정적인 고정관념과 편견 및 차별로 나타난다. 다시 말하면, 내집단 우호주의가 강한 이주 사회 구성원들은 이주자 집단을 부정적으로 바라보면서 차별과 편견을 가지게 되고, 이는 이주자가 이주 사회에 적응하는 데 걸림돌

---

* 　모국과 이주국 사이의 문화적 차이는 이주자로 하여금 이주 사회에서 새로운 문화를 습득하는 데 더 많은 어려움을 경험하게 하므로 이주자의 적응에 부정적으로 작용한다고 할 수 있다(유승희, 2020).

로 작용할 수 있다.

오베르크(Oberg, 1960)는 1960년대에 다른 문화권으로 이동해서 살게 되면서 경험하는 문화적응 단계의 변화에 초점을 맞추어 연구했다. 그는 개인이 타문화에 체류하면서 경험하게 되는 정서적인 반응을 네 단계로 구분했다.

첫 번째는 우호적 단계로 새로운 문화를 접해서 황홀, 감탄, 열정을 느끼는 시기다. 두 번째는 위기 단계로 조절, 분노, 불안, 부적절함 등을 느끼는 단계다. 세 번째는 회복 단계로 위기를 해결하고 문화를 배워나가는 시기다. 네 번째는 적응 단계로 새로운 문화를 즐기고 기능적으로 유능해지는 단계다. 1970~1980년대의 문화적응 연구자들은 문화적응 형태와 유형에 관심을 가졌다. 문화적으로 다양한 집단의 사람들이 서로 만나게 될 경우, 사회적 구조, 제도, 정치, 가치체계 등이 다양한 집단에 서로 영향을 미치게 된다(남부현 외, 2016).

베리(Berry, 1997)는 두 집단 간의 상호작용을 통해 발생하는 문화접촉 현상은 어느 한 집단에 비해 더 많은 변화를 겪는 경우가 대부분이라고 보았다. 베리(Berry, 1997)는 문화적응을 "둘 이상의 문화적 집단(또는 개인) 간의 접촉으로 인한 환경의 요구에 대응하는 문화적 변화"라고 주장했다. 개인 차원의 심리적 문화적응의 경우 출신국 사회와 유입국 사회의 수많은 집단적 요소들 외에도 유입국의 이민 관련 적응 정책, 주류사회의 이념과 태도, 사회적 지지 등도 중요한 영향요인이 되고 있다.

외국인 근로자들이 새로운 상황에 적응하기 위해서는 다양한 유형이 있다. 베리는 문화적응과 관련해서 이주자를 대상으로 한 연구를 통해 체계화했으며, 문화적응을 "두 문화 간의 계속적이고 직접적인 접촉의 결과로서 생긴 변화"로 정의하고, 이주자들을 이해하기 위해서는 문화적 정체감의 발달과정을 설명해야 한다고 주장했다(Berry, 1991). 문화적응 유형은 원문화의 정체성을 중요하게 생각하는 문화적 유지(cultural maintenance), 새로운 문화에 대한 접촉과 참여(contact and participation) 정도에 따라 달라진다(Berry, 1991). 그에 따르면, 소수집단의 이주자들은 '다른 인종이나 민족 집단과의 관계를 얼마나 중요하게 여기는가?'에 따라 문화적응 전략이 동화(Assimilation), 분리(Separation), 통합(Integration), 주변화(Marginalization)의 네 가지 유형으로 분류될 수 있다고 주장했다.

첫째, 동화 유형은 이주자들이 문화적 정체성을 버리고 새로운 이주 사회에 흡수되는 것을 말한다. 둘째, 분리와 차별 격리란 자신의 문화유지에 가치를 두고 이주 사회 성원들과는 상호작용을 기피하거나 사회참여에 소극적인 것으로 이주 사회와 일정한 거리를 유지한다. 수동적으로 이주 사회 주류집단과 분리되어 살게 되는 것을 '차별'이라고 한다. 셋째, 통합 유형은 자신의 문화를 유지하면서 더 큰 사회적 네트워크에 참여하여 이주 사회의 성원들과 상호작용하는 것을 의미한다. 넷째, 주변화 유형은 자신의 문화유지 및 이주 사회와 관계를 갖는 것에 거의 관심을 두지 않는 경우다(Berry, 1997).

베리는 이주자들이 이주 사회에서 다양한 형태의 문화적응 태도를 보이는데, 여기서 어떤 유형을 가질 것인가는 이주자 스스로 결정한다고 보고 있다. 이주자가 자국의 문화적 정체성 유지와 이주 사회의 문화적 속성의 수용 중 어느 것을 더 중요하게 생각하느냐에 따라 네 가지 문화적응 태도로 유형화하고 있다.

베리의 이론은 어느 정도 설득력이 있지만, 현실적인 문제점도 나타나고 있다. 이주자가 문화적응을 할 때 반드시 하나의 전략만을 고수하기 어렵다는 점이다. 이주자는 처한 상황과 시기에 따라 다양한 전략을 구사할 수 있기 때문이다. 또한 베리의 문화적응 모형에서는 이주자가 선택할 수 있는 개인 행위의 심리적인 상태만 제시했을 뿐 유입국의 정치, 환경, 문화, 가치 등과 같은 구조적인 상태를 제시하지 못했다는 단점이 있다.

베리는 개인의 문화적응을 살펴볼 때, 문화적응을 위해서는 모국의 문화에 대해 유대감과 자긍심을 갖는 것이 유입국에 적응하고 유입국의 문화를 수용하는 것만큼이나 중요하다고 주장했다. 다시 말하면, 균형 잡힌 문화적응이란 모국의 문화를 유지하면서 유입국의 문화를 수용하는 과정이다. 따라서 베리는 유입국에 대한 이주자의 적응만 조명하는 1차원적인 모델에서 벗어나 모국의 문화를 유지하는 정도를 교차하여 통합적으로 고려하는 2차원적인 모델을 제시하고 문화적응을 네 가지 유형으로 구분했다. 이 모델에서는 유입국 주류사회의 구조적 상황과 이주자의 관계를 상호작용으로 규정했다.

베리는 네 가지 문화적응 전략 외에 다음 [그림 1-1]과 같이 유입국 사회가 이주자에게 제시하는 네 가지 전략을 추가했다.

첫째, 유입국 사회의 용광로 모형은 주류사회가 다양한 소수자 집단

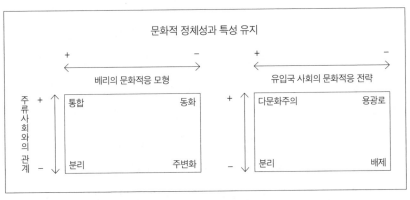

[그림 1-1] 유입국 주류사회의 구조적 상황과 이주자와의 관계

을 흡수함으로써 소수자 집단을 완벽하게 소멸시키는 전략이다. 이 모형에서 소수자 집단의 문화적 지속성은 부정되고 일괄적으로 하나의 국민, 하나의 문화, 하나의 국가로 통합된다. 즉, 동화 모델은 유입국 주류사회에 의해 용광로 모델이 강력하게 추진될 때 구축된다. 이것은 여러 가지 재료를 혼합해서 만드는 일종의 비빔밥과 유사하다고 생각할 수 있다.

둘째, 이주자의 분리 전략은 이주자가 주류사회와의 관계 유지에 소극적이며, 유입국 주류사회 역시 이주자를 강제로 분리하고자 할 때 사용한다.

셋째, 유입국 주류사회가 이주자를 강제로 배제할 경우, 이주자는 주변화 전략을, 유입국 사회는 배제 전략을 사용한다.

넷째, 이주자의 통합 전략은 유입국 사회가 전적으로 문화적 다양성을 목표로 삼고 상호 간의 문화를 수용하는 전략을 구사할 때 발생한다. 이것을 '다문화주의 모델'이라고 한다.

따라서 이주자가 유입국 사회에서 경험하는 모든 상황은 유입국의 사회문화를 포함한 모든 환경적 요소 속에서 발생하는 결과물이며, 이주자는 이러한 유입국의 환경적 요소에 의해 반응하게 된다.

이와 같이 이주자들이 유입국에서 실질적인 시민 역할을 하기 위해서는 신념과 행동을 변화시키고 새로운 규범을 내면화해야 할 것이다. 따라서 베리의 문화적응 이론은 이질적인 사회문화적 배경을 가진 개인과 집단이 상호작용함으로써 발생하는 다양한 변화를 지칭하는 포괄적인 개념으로 이주민의 사회문화적 적응과 심리정서적 적응을 설명하는 데 가장 광범위하게 적용된 모델이다. 이주자들이 시민으로 성장하는 것, 즉 그들의 사회적 적응은 문화적응 과정 혹은 결과의 한 측면으로 문화적 학습의 관점에서 탐색될 수 있다. 문화적 학습이란 유입국에서 재사회화, 즉 새로운 기술과 지식을 습득함으로써 행동 변환이 이루어지고 새로운 정체성이 구축되는 과정을 의미한다.

한 문화에 적응하려는 집단에 속한 사람들은 다른 문화에 적응하는 과정에서 문화적으로 갈등 상황에 놓이게 될 것이다. 문화의 다양성을 지닌 이주자들이 타국에 오랫동안 거주하면서 원주민과의 조화를 이루지 못하면 갈등이 발생하기 쉬울 것이다. 마찬가지로 외국인 근로자도 생산 현장에서 이 같은 상황을 피할 수 없을 것이다. 갈등은 조직에서 보편적이고도 필연적으로 나타나는 현상으로 갈등이 개인 간 또는 조직에 미치는 영향은 크다고 할 수 있다. 갈등이란 일반적으로 인간의 심리적 대립이나 대립적 행동을 가리키는 매우 다양성을 띤 개념이다. 개인이나 조직의 갈등은 개인이나 집단 등 행동 주체 간에 현재적·잠재적으로 나타나는 정태적 과정이 아닌 동태적 과정으로서의 대립적 상호작용을 의미한다. 따라서 갈등은 일반적으로 의사결정의 선택기준이 명확하지 못하여 개인이나 집단·조직이 대안을 선택하는 데 곤란을 겪는 상황을 의미한다고 볼 수 있다.

갈등은 어떤 조직이나 사회든 보편적으로 발생하는 현상이다. 내국인에게도 개인 간 또는 조직 내 갈등은 상존하고 있으며, 갈등으로 인한 혼란은 조직의 효율성을 떨어뜨려 조직의 경쟁력을 잃게 하며, 개인에게는 심리적인 압박감으로 인해 개인 생활에 어려움을 겪을 수 있다.

우루쿤치에브 아들백과 박수정(2018)은 외국인 근로자가 경험할 수 있는 문화적 갈등 상황에는 법적 지위, 언어갈등, 차별이라는 3개의 하위 요인을 내포하고 있다고 주장했다. 법적 지위는 외국인 근로자가 가지고 있는 체류자격에 따라 친구 및 가족들과의 연락에 제한이 있거나, 강제추방에 대한 두려움, 법률 서비스를 사용하는 어려움 등 체류 국가의 국민이 아니기 때문에 생길 수 있는 법적 문제 등의 의미를 내포하고 있다. 하지만 여기에서는 법적 지위가 제도적인 문제이기 때문에 논외로 했다.

언어갈등은 외국인 근로자가 적응해야 하는 이주국가의 언어를 학습하거나 사용하는 과정에서 발생하는 갈등 상황으로, 모국어가 아닌 낯선 언어를 사용하는 데 있어서 대인관계가 순조롭지 않거나 언어습득 과정에서의 스트레스 및 일상생활에서의 어려움이 발생한다는 것을 의미한다. 이는 외국인 근로자가 이주 전에 타언어를 잘 습득했다고 하더라도 생산현장에 따라 사용되는 용어 등 언어적 환경 및 이주국가의 문화와 정서 등을 고려한 비언어적 환경 등이 충분히 고려되지 않을 때 언어문화적 갈등 상황을 경험한다고 볼 수 있다(Berry, 1997).

차별은 이주한 국가의 언어로 의사소통이 원활하지 못해 주변으로부터 부당한 대우를 받거나, 다른 민족과 인종이라는 이유로 직업을 갖지 못하는 것, 출신국과 이주국 간의 문화차이로 인해 타인으로부터 차별을 경험하는 것으로 이해할 수 있다. 이는 외국인 근로자로서 성별, 종교, 인종, 타문화권의 수용 정도 등에 따라 부정적 태도로 인해 경험하는 물리적·감정적 불편함이라고 할 수 있다. 한국에 거주하고 있는 외국인 근로자들이 한국 문화 및 한국 사회에 적응하는 과정에서 다양한 어려움을 겪고 있으리라 예상되며, 이러한 어려움은 외국인 근로자와 한국인 근로자 간의 갈등에 영향을 미칠 것이다.

국내에 유입된 외국인 근로자는 한국 사회에 적응해야 할 뿐만 아니라 조직문화, 특히 생산현장에서 한국인 동료들과의 생활에서도 적응해야 하는 이중적인 어려움을 경험하고 있다. 따라서 외국인 근로자들과 한국인 동료 간의 상이한 가치체계와 문화적 차이에서 오는 이질감으로 인해 문화적 갈등은 당연히 뒤따라올 수밖에 없다(오영훈·하종천, 2019).

다문화 사회의 갈등은 문화적 차이뿐만 아니라 외국인에 대한 오해, 편견, 차별 등으로 인해 이주자와 내국인이 서로 불신하면서 이질감을 느끼기 때문에 발생한다. 또한 갈등은 이주자의 욕구와 내국인과의 이해관계가 상충할 때 발생하기도 하고, 가족 내에서의 이해 부족에서 일어나기도 하며, 이주자에 대한 인종차별과 임금차별에서 나타나기도 한다(김판준, 2013).

문화적 갈등은 다수의 문화체계가 직접 충돌하여 발생하는 것이 아니라 개인 또는 집단의 접촉 과정에서 발생한다. 따라서 문화적 차이가 있는 당사자들의 현재 위치인 지배종속 관계와 직업 및 계층 등은 문화적 갈등과 그것을 해결하는 데 큰 영향을 미치게 된다.

문화적 갈등의 원인으로는 역사적으로 일반화되어온 다문화주의의 부재와 일종의 외국인 혐오(xenophobia)의 영향으로 여길 수도 있다. 한국의 경우, 외국인 근로자들이 유입되면서 자국민보다 가난하고 약한 사람들에 대해 가하는 공격적이고 억압적이고 무시하는 외국인 혐오증이 조성되었으며, 이를 극복하기 위해서는 다문화에 대한 인식개선과 지속적인 다문화 교육이 이루어져야 한다는 지적도 있다(김수재, 2008).

하지만 인식개선이나 교육보다 우선해야 할 사항은 내국인과 외국인 근로자의 사회통합을 위해 외국인 근로자의 삶과 생산현장에서의 갈등이 무엇인지를 그들의 입장에서 밝혀내는 것이다. 외국인 근로자가 생산현장에서 겪는 어려움은 결국 갈등이라고 볼 수밖에 없다. 다시 말하면, 언어 소통의 어려움으로 인한 갈등 및 생산현장의 열악한 환경 그리고 문화적 차이로 인한 갈등이 많다.

구경회·송준호(2011)는 갈등의 유형을 다음과 같이 다섯 가지로 구분했다. 첫째, 갈등은 상호작용에 의해 발생한다. 갈등은 어느 개인이나 집단이 다른 개인이나 집단에 의해 어떤 일을 방해받거나 좌절시킬 때 발생한다. 둘째, 갈등은 적대적인 감정에 의해 발생한다. 갈등은 서로 첨예한 대립적인 행동을 취하게 된다. 셋째, 갈등은 기대나 목표 차이에서 발생한다. 개인이나 집단은 기대하는 목표가 있으며, 이러한 목표지향적인 행위가 타인에 의해 좌절되거나 좌절시킬 때 갈등이 발생한다. 넷째, 인간 삶의 한 과정으로 지구상의 인간이 살아가는 데는 갈등이 있을 수밖에 없다. 다섯째, 갈등은 지각할 때 나타나는 현상이다. 갈등은 대립적인 행동이나 겉으로 나타나지 않더라도 어느 한쪽이 갈등을 지각하면 바로 나타난다.

구경회 · 송준호(2011)는 모든 갈등이 반드시 나쁜 것만은 아니며, 반드시 제거되어야 하는 것도 아니라고 주장했다. 순기능의 측면에서 갈등은 "조직의 유효성과 능률성을 향상시키며 조직의 학습과 창의성, 경제적 해결의 명확화, 대체안을 위한 창조적 연구, 미래의 협동, 능력의 향상 등을 개선"하는 데 도움이 된다고 했다.*

개인의 갈등은 개인 스스로 만들어내는 갈등으로 목표 차이나 주변 생활 환경, 친구나 동료 직원들의 생활 모습, 좌절 등에서 발생할 수 있다. 예를 들어 타국에서 가족을 그리워하는 그리움, 홀로 있다는 외로움 등 개인적인 일로 인한 사적인 관점에서 발생할 수 있다. 개인 간 갈등은 대인관계 갈등으로 생산현장에서 동료 간 관계에서 가장 흔하게 발생할 수 있다. 개인 간 갈등은 둘 이상의 개인이 조직의 업무를 수행하는 과정에서 발생하는 것으로 서로 간의 목표나 생각이 일치하지 않아서 발생하는 갈

---

* 신철우(2005)는 갈등의 순기능으로 창의력 고취, 의사결정의 질적 개선, 응집력 증가, 능력의 새로운 평가를, 역기능으로는 목표달성 노력의 약화, 심리상태의 변화, 제품의 품질 저하를 제시했다.

등유형이라고 볼 수 있다. 이는 서로의 편견이나 경쟁, 잘못된 생각, 오해, 욕심 등에 의해 발생한다.

조직의 갈등은 개인적인 일이나 개인 간에 발생하는 갈등보다는 생산현장이라는 전체 조직문화에서 발생할 수 있다. 따라서 조직의 갈등은 경쟁과 각종 차별, 그리고 불이익 등에 의해 발생한다. 다시 말하면, 갈등은 각자 자라온 환경이 다르고 추구하고자 하는 목표나 생각이 다르기 때문에 여기에서 오는 이해관계로 인해 발생한다(구경회·송준호, 2011).

이러한 개인적, 개인 간, 조직의 갈등을 극복하기 위해서는 우리 문화만을 외국인 근로자에게 강조하고 이해시킬 것이 아니라 외국의 이질적인 문화를 내국인도 이해할 수 있도록 프로그램을 개발해야 하고, 근로현장에서 동등한 임금을 지불할 수 있도록 제도적 장치도 마련해야 할 것이다. 또한 다문화 갈등의 해소는 국민이 다른 인종과 문화를 인정하고 포용하는 자세에 달려있고, 정부는 사회통합 차원의 인종차별과 국민의 역차별이 없는 다문화정책을 수립해야 할 것이다(김판준, 2013).

외국인 근로자들이 한 사회에서 문화적 또는 경제적으로 독립적인 존재와 구성원으로서 살아가기 위해서는 이들에 대한 소외와 차별이 아니라 먼저 이들이 한 공동체에서 그들의 문화적 정체성과 다양성을 유지하면서도 잘 통합될 수 있도록 내국인의 관심과 이해가 뒷받침되어야 할 것이다.

외국인 근로자들은 우리와 다른 문화권에서 온 사람들이고, 이들이 보는 세계는 우리와는 분명히 다른 측면이 많을 것이다. 문화의 차이에 따른 세계관의 차이는 우리와 우리 사회에 대한 인식, 문제를 바라보는 시각, 문제점에 대한 대안 등에서 다양성을 가져다줄 수 있다. 또한 인류 사회가 공동으로 해결해야 하는 숙제에 대해서도 다원적 접근을 가능하게 할 수 있다. 단기적으로 이문화와의 통합에 대한 부담이 있겠지만, 다양한 문화의 존재는 장기적으로 한국 사회에 득이 될 수 있을 것이다. 따라서 외국인 근로자에 대한 '이해'와 '공존'이라는 키워드는 타자성과 상호문화 소통을 바탕으로 문화적응과 한국인의 다문화 인식의 변화라는 기본적인 전제하에서 전환될 필요가 있다.

4.
상호문화 경험의 의미 개요

본 연구의 연구 문제는 서론에서 전술한 바와 같이 "외국인 근로자를 고용한 중소기업 경영자들의 상호문화 경험의 의미는 어떠한가?"이다. 이러한 연구 문제를 해결하기 위해 이주민의 상호문화소통 과정에 대한 기술요인을 바탕으로 상호문화성의 다섯 가지 주요 요소(김영순, 2020)인 '이해', '공감', '소통', '협력', '연대'를 이론적 렌즈로 삼아 중소기업 경영자의 인터뷰 내용을 분석했다. 중소기업 경영자의 상호문화 경험의 영역과 범주는 다음 〈표 1-3〉과 같다.

〈표 1-3〉 상호문화 경험의 영역과 범주

영역	범주	주제
이해	직접 접촉을 통한 이해	• 얼굴을 보고 있지만 이해는 불가능해요. • 근무하면서 문화에 대해 이해하게 되었어요.
	교육과 매체를 통한 이해	• 현장에서 교육은 생각할 수 없는 일이죠. • 사실 방송을 보면 좀 짠하기는 하지요.

영역	범주	주제
공감	역지사지를 통한 공감	• 나이는 성인이지만 아이와 같다고 생각해요. • 외국에 살고 있다면 같은 입장이죠.
	언어 · 문화적 공감	• 언어 문제로 힘든 적이 있었어요. • 문화차이로 난처한 적이 있었어요.
소통	언어와 감정의 소통	• 단어장을 공장 벽에 붙여놨어요. • 이해하고 잘 달래서 함께해야죠.
	문화와 종교적 소통	• 출신국별로 다른 문화도 소통하면서 존중해요. • 닭고기 먹고 사이다로 건배해요.
협력	국가별 동료 간 협력	• 공유하는 정보가 협력을 방해하고 있어요. • 네트워크를 형성해서 요구만 늘었어요.
	숙련근로자와의 협력	• 숙련된 사람들을 장기 채용해야 해요. • 단순근로에도 숙련근로와의 협력이 필요해요.
연대	지역사회와의 연대	• 사회단체와 지인을 통해 문제를 해결해요. • 지역사회와 연대하고 자문화 홍보 기회를 줘요.
	자조모임과의 연대	• 향수를 달래기 위해 자조모임을 권유해요. • 자국민과의 연대에는 동호회가 일조해요.

2장

다양성 경영과
상호문화 경험

1.
경영자의 다양성 경영

1) 다양성 경영의 정의 및 의의

최근 들어 우리 사회는 국제화 혹은 글로벌화, 저출산과 고령화로 인해 외국인 근로력이 수적으로 증가하는 등 근로력 구성이 다양화되고 있는 추세다. 특히 중소기업과 힘든 3D업종 기업을 중심으로 외국인 근로자와 결혼이민자, 해외동포 등 외국인력이 상당히 증가하고 있으며, 10년 후에는 농어촌 및 도시의 다문화가정 자녀들이 근로시장에 진입할 것으로 예상된다. 따라서 내국인 근로력은 점점 감소하는 반면, 외국인을 포함한 다양한 구성원들의 근로력 비율은 지속적으로 증가하고 있는 상황이다. 다시 말하면, 내국인 중심의 근로력 구성 비율은 점점 감소하고, 외국인을 포함한 다양한 근로력의 구성 비율은 상대적으로 증가하는 근로력의 다양화가 진행되고 있다(이승계, 2011).

다문화 사회에서 근로력의 다양화는 기업들의 인적자원관리가 전통적인 내국인 중심의 단순한 인력관리에서 벗어나 좀 더 다층적이고 글로벌한 관점의 다양성 경영으로 전환될 필요가 있다.

다양성에 대한 개념은 국가와 사회문화적 상황, 연구자들의 접근방법이 다양하므로 정확한 정의를 내리기는 어렵지만, 크게 사회심리학적 측면, 조직 및 근로력자원관리 측면, 글로벌 측면의 세 가지 관점에서 살펴볼 수 있다.

첫째, 사회심리학적 측면의 범주화 이론에 따르면, 한 집단에서 소수로 대표된 특성이나 사회적 범주는 범주화의 기초로서 특이하며, 특히 인종, 성, 연령 같은 인구통계적 특성은 일반적으로 보면 특이성을 띰으로써 조직에서 다양성을 보이게 된다.

둘째, 조직 및 근로력자원관리 측면에서는 다음 세 가지가 있다. ① 젠더나 인종 혹은 민족적 차이 등에 기초를 둔 협의의 정의로 이민국가의 경험을 가진 미국의 인종차별 금지 법률들에 잘 나타나 있다. 즉 인종, 젠더, 자국, 종교, 신체적 장애, 연령 등에 의한 차별을 금지한다는 규정에 따라 다양성에 관한 범주적 정의가 있다. ② 교육이나 경험, 결혼상태 등을 포괄하는 광의의 정의로 요즘 일반적으로 사용되고 있다. 즉 다양성이란 인종이나 민족, 젠더, 연령, 문화적 배경, 사회적 계층, 장애, 성적 성향에서의 차이를 의미한다. 좀 더 확장된 개념에는 기술(skills)과 조직에서의 근무 기간뿐만 아니라 결혼상태나 교육 같은 변수도 포함된다. ③ 다양한 관점과 인식 및 행동에서의 차이 같은 개념적 규칙에 의한 정의가 있다. 예를 들어 인종, 젠더, 연령 같은 공통적인 다양성의 범주로 사용되는 것과는 대조적으로 문화적 조직들 사이의 잠재적 행동 차이에서 비롯되는 세계관이나 주관적 문화의 차이 및 타조직들과의 관계에서 비롯되는 조직구성원들 간의 정체성의 차이로 결정되고 있다.

셋째, 글로벌 측면의 정의를 들 수 있다. 이승계(2011)는 근로력 다양성(workforce diversity)을 주어진 문화적 · 국가적 맥락 안에서 인식된 공통성을 갖고, 업무 관련 기술이나 자격에 상관없이 업무 기회, 현장에서의 대우, 승진에 대한 전망 같은 채용 결과에 잠재적인 손익을 주는 구별 범주, 즉 근로력의 구분이라고 정의하고 있다.

다양성 경영의 접근방법은 크게 미시적 접근방법과 거시적 접근방법으로 구분할 수 있는데, 본 연구 주제와 밀접하게 관련된 미시적 접근방법만 다루기로 한다. 미시적 접근방법은 사회심리학적 접근, 포용-배제 접근, 경영 관리적 접근방법이 있다.

첫째, 사회심리학적 접근은 작업집단이나 팀의 인구통계적 구성이 변할 때 집단과정에 영향을 미치고, 이것이 다시 집단성과에 영향을 준다는 가정하에 가장 흔히 사용되는 이론이다.

둘째, 포용-배제 접근은 인력의 다양화로 인해 야기되는 가장 중대한 문제 중 하나로 집단 구성원들의 중요한 의사결정과 정보망에 포함되거나 배제된다는 것이다. 한 조직에 다양한 문화*적 배경을 가진 모임들이 존재할 경우, 특정 모임의 구성원들 간에 사용되는 공통의 관점과 행동은 특정 집단에게는 소속감을 갖게 하지만, 타집단에 대해서는 비소속감이나 배제된다는 생각을 하게 된다. 이러한 집단 정체성을 기초로 개인들이 조직 현상의 중요한 한 부분으로 인식하는 정도를 계속적으로 개념화한 것이 포용-배제 관점이다.

셋째, 경영 관리적 접근은 1980년대 말과 1990년대에 들어와 글로벌화가 진전되면서 시장 중심의 규제 완화, 유연화, 신관리주의와 인적자원

---

* 다문화조직이란 "조직 내의 모든 하부 문화집단이 서로의 가치를 인정하고, 서로 존중하며, 서로 배우는 상호주의적 문화적응이 일어나는 조직"을 말한다(T. H. Cox, 1994)[재인용: 이승계, 2011].

관리의 등장에 따라 제기된 것으로 대표적으로 인적자원관리 관점과 다문화조직 관점으로 구분할 수 있다. 인적자원관리 관점은 조직의 성공에 기여할 다양한 노력의 잠재력과 가치가 존중되며, 고도로 동기부여 된 개인들의 역할과 몰입이 강조되고 있다. 다양한 문화적 구성원의 관점은 모든 사회문화적 배경을 가진 구성원들이 그들의 잠재력을 최대한 발휘할 수 있는 다양한 문화적 조직을 창출하도록 최선을 다해야 하며, 이를 위해 단일조직, 복합조직, 다문화조직 등 세 가지 형태의 조직이 제시되고 있다. 이 조직들은 좀 더 계획적으로 다문화 사회의 구성원이 그들의 잠재력을 최대한 발휘하고 진정으로 평등하게 철저히 통합되는 조직이다. 이 조직에서는 문화적 차이를 장려하고 그 가치를 존중하는 경향을 보인다. 이 집단은 다음과 같은 다섯 가지 특징이 있다.

① 모든 문화집단이 서로 존경하고 서로의 가치를 인정하며, 서로를 배우는 상호주의적 문화적응이 나타나는 다원주의, ② 여러 문화적 집단들이 구조적으로 철저히 통합됨으로써 조직의 모든 수준에서 대표성을 잘 나타내고, ③ 조직의 비공식적 모임에서 소수집단들이 충분히 통합되며, ④ 편견과 차별의 부재, ⑤ 조직의 목표 및 조직과 개인의 경력목표 정렬 시 소수집단과 다수집단 구성원들 간에 같은 정체성을 가진다. 그러나 이러한 다문화조직은 현실적으로 존재하기 어려운 이상형 또는 순수형이라는 한계점이 있다(M. E. Mor Barak, 2005).

현재 미국뿐만 아니라 한국에서도 급속하게 진행되고 있는 글로벌화, 경제적 국경의 소멸, 외국인 근로자의 증대, 여성의 경제활동 증가 현상은 근로인력 구성의 변화, 즉 구성원들의 다양성을 일으키는 계기가 되고 있다. 이처럼 근로현장에서 나타나는 구성원의 변화는 앞으로 기업들이 조직의 다양성에 대해 새로운 시각을 가져야 한다는 것을 시사한다. 또한 근로력의 다양성이 현실적인 이슈로 떠오르는 만큼 기존의 인사관리로는 효과적인 관리가 어려울 것으로 예상하고 이에 적합한 다양성 경영을 더욱 적극적으로 모색해야 할 것이다.

2) 상호문화적 의사소통과 다양성 경영

상호문화적 의사소통과 다양성 관리의 개념으로 서로 다른 문화 사이의 관계에 해당하는 문제영역의 중요성이 비약적으로 증가하고 있다. 이 문제영역은 오래된 역사적 전통을 갖고 있지만, 세계화에 따른 세계경제의 전 지구화에서 확인할 수 있다(허영식, 2014). 세계경제의 성장에 비해 세계무역은 훨씬 더 빨리 증가하고 있으며, 여러 국민경제 사이의 네트워킹이 강화되면서 해외투자 규모와 더불어 외국인 근로자 수도 많이 증가했다. 그 결과 상호문화적 개방에 지향을 둔 인적자원관리는 새로운 도전에 직면하게 되었다. 초국가적 수준에서 활동하는 다국적기업 수가 늘어났으며, 이 맥락에서 기존의 확고한 경계나 국경이 상당 부분 허물어졌다. 이러한 관점에서 다양성 관리의 접근방안이 필요하게 되었다. 근로이주와 세계무역 외에 해외여행도 상호문화 의사소통을 가능하게 만든 중요한 요인으로 생각할 수 있다. 해외여행이 서로 다른 사회와 문화에 속한 사람들의 사회적 접촉을 강화시켰다는 점은 자명한 일이다.

그러나 상호문화적 의사소통의 오해는 소통하는 상대방의 언어적 혹은 비언어적 행동과 행위에 대한 잘못된 해석에서 기인할 수 있다. 이러한 잘못된 해석은 무지 아니면 잘못된 경험에 기초를 둘 수 있다(허영식, 2014).

상호문화적 의사소통 상황은 문화적으로 각인된 말과 행위의 관습에 영향을 받는다. 하지만 상호문화적 의사소통과정이 진행되면서 관습적인 말과 행위는 계속해서 상황에 적응하면서 변화되기도 한다. 대화에서 상호 간의 행동을 제대로 해석하지 못할 경우, 상호작용과정이 진행되면서 소통에 참여한 자의 오해와 불쾌감, 심지어 대화의 중단으로 이어질 수 있다. 이와는 대조적으로 상대방의 충분한 상호문화능력과 적절한 상호문화학습과정에 기반을 둔 소통과정은 그만큼 성공적으로 진행될 가능성이 높으며, 이 경우 타자에 대한 이해와 인정을 넘어서서 그의 인격과 문화에 대한 존중으로 나아갈 수 있을 것이다.

베넷(Bennett, 2011)은 다문화집단 간에 나타나는 문화적 차이에 반응하여 형성되는 개인의 인지적·정서적 특성이나 행동 성향이 다음 [그림 2-1]과 같이 여섯 단계를 거친다고 기술했다.

첫째, 차이의 부정 단계에서 개인은 문화적 차이를 경험하지 못하며,

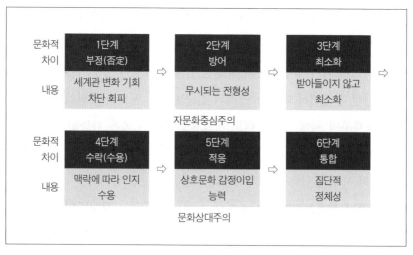

출처: 허영식, 2014 재구성

[그림 2-1] 베넷의 상호문화 감수성 발달 모형

그렇지 않더라도 극도로 단순한 방법으로만 문화적 차이를 경험한다. 문화가 나 또는 타인의 삶에 어떠한 영향을 주는지를 생각해보지 않았기 때문에 나의 고유문화에 대해 질문을 받으면 당황할 수도 있다. 타문화에 대한 무관심, 의도적으로 고립상황을 만들면서 세계관이 변화될 기회를 차단하는 회피가 이 단계의 대표적인 태도다.

둘째, 차이에 대한 방어 단계에서 개인은 문화차이를 구분하지만, '우리 문화'와 '그들 문화'라는 이분법적인 행동을 취한다. 두 문화 간의 경계는 매우 견고하며, 이러한 문화 간 위계질서의 사고방식은 자문화를 우수한 것으로 간주하고 다른 문화는 부정적 고정관념과 함께 무시하는 전형성을 보인다.

셋째, 차이의 최소화 단계에서는 문화에 상관없이 인류의 공통성을 인정한다. 인간은 근본적으로 유사하다고 생각하면서 자문화와 타문화의 문화적 차이를 심각하게 받아들이지 않고 최소화한다.

넷째, 차이의 수용 단계에서 개인은 맥락 속에서 문화적 차이를 이해한다. 자신의 행동과 가치를 포함한 모든 행동과 가치가 변별적인 문화 맥락 속에서 존재하고, 그 맥락에 따라 인지될 수 있음을 수용하는 단계다.

다섯째, 차이의 적응 단계에서는 문화적 차이의 수용에 적응한다. 다른 문화의 사람과 효과적이고 실제로 소통할 수 있는 능력에 대응하는 단계이기도 하다. 개인은 자신이 지니고 있던 관점을 바꾸어 타문화의 관점에서 경험을 재조직하고 행동할 수 있는 능력을 갖추게 된다. 바로 상호문화 감정이입(intercultural empathy) 능력이다.

여섯째, 차이의 통합 단계에서는 둘 이상의 문화집단적 정체성을 지니게 된다. 개인은 다문화적 관계를 내면화할 수 있게 됨으로써 어떤 특정한 문화에 의한 자아정체성을 확립하지 않는다. 따라서 아노미와 혼란의 감정을 함께 느끼게 될 수도 있다. 그러나 자신의 정체감을 특정한 문화 아래에서 정립하지 않으므로 문화적 맥락을 생각하지 않고 행동함으로써 때로는 자신의 문화와 타문화에서 주변적 존재가 되기도 한다.

베넷(2011)의 발달 모형에서 학습자는 자문화에 경도된 기본적인 태도(자문화중심주의)에서 출발하여 타문화에 대한 관용과 존중을 함축하는 개방성(문화상대주의)으로 나아가면서 감수성을 제고하는 것으로 간주된다.

이 모형은 문화교육 또는 상호문화교육의 실제와 관련된 중요한 시사점을 제시하며, 실제로 다국적기업의 인력양성교육에 유용하게 활용되기도 한다(한용택, 2017).

다양성 경영의 맥락에서 다양성은 성별, 연령, 국민, 민족, 문화, 종교, 성적 정체성과 지향, 가족 상황이나 생활상황, 계층, 교육과 훈련, 가치, 행동방식 등과 관련된다. 미국에서는 가장 빈번하게 주제로 삼는 차원으로 여덟 가지가 거론되고 있다. 여기에는 인종, 성별, 민족과 국민, 조직에서의 역할과 기능, 연령, 성적 지향, 정신적·신체적 능력(조건), 종교가 포함된다.

다양성 경영의 적실성을 증가시킨 시대적·사회적 배경 요인으로는 세계화, 이주 등을 들 수 있으며, 특히 사회운동 혹은 해방운동이 정체성, 생활방식의 다양성을 증가시키고 있다.

조직과 관련해볼 때, '주류집단'이라는 용어는 어떤 조직 내에서 불균등한 힘과 영향력을 가진 사람들을 가리킨다. 주류집단의 가치와 규범, 행동방식은 표준 혹은 규준이 되며, 소수집단의 구성원을 바라보는 척도가 된다. 이렇게 함으로써 사회적 불평등이 정당화될 뿐만 아니라 소수집단의 구성원은 주류집단의 규범에 적응해야 한다는 기대 역시 정당화된다. 그러나 바로 이러한 동화하려는 행동이 소수집단 구성원들에게서 점점 더 줄어드는 경향이 있다(허영식, 2014). 이것이 또한 다양성 경영의 맥락에서 혹은 다양성 경영을 위해 고려해야 할 기본적인 진단이기도 하다.

결국 다양성 경영은 배제와 차별의 문제에 적절하게 대처하고, 다양한 사람들의 능력과 잠재성을 극대화하며, 그들의 협력과 공존을 별 마찰 없이 구성하는 데 목표를 두고 있다. 이를 통해 소수집단의 구성원뿐만 아니라 사회와 조직도 상생할 수 있을 것으로 기대된다.

상호문화적 의사소통과 다양성 경영의 관계는 궁극적으로 상호문화 간 의사소통과 상호문화이해의 강화를 위해 고려해야 할 중요한 접근방안이다.

3) 효율적인 다양성 경영 방안

문화적 다양성과 함께 조직 내의 다양성을 어떻게 효과적으로 관리할 것인가에 대한 관심도 함께 증가했다. 조직의 다양성을 증대시키는 것은 조직에 위기가 될 수도 있고, 기회가 될 수도 있다(Cox, 2001). 다양성은 조직 커뮤니케이션의 효과를 줄이고 갈등을 증대시킬 수도 있는 반면, 문제해결 능력을 향상시키고 창의력과 혁신을 증대시키며 유연성을 높일 수 있는 두 가지 효과를 지니기 때문이다(Cox, 2001).

다양성이 조직에 동전의 양면과도 같은 효과를 발휘하기 때문에 다양성 경영을 통해 긍정적 효과는 극대화하고, 부정적 효과는 줄일 필요가 있다. 다양성 경영은 크게 조직 내부의 변화를 유도하는 방법과 조직 외부의 자원을 유입하는 두 가지 방법으로 조직성과를 향상시킬 수 있을 것으로 기대된다. 예를 들어 다양성 경영은 비용 절감, 마케팅 효과, 창의력 향상과 문제해결 능력 향상 등 조직 내부의 변화를 유도할 수 있는 동시에 새로운 능력을 갖춘 인재를 유입할 수 있다(안선민, 2016).

임희정(2010)은 조직 차원에서 한국 기업의 다양성 경영의 실태를 파악하고 그 효과성을 분석한 결과, 근로자들의 국적, 연령, 성별, 장애 등의 차이를 인정하고 경영자의 인력 다양성에 대한 의지 및 관심이 많으면 많을수록, 또한 다양한 근로자의 생각을 청취 및 수집하기 위해 다양한 의사소통 채널을 적극 활용하고 있는 조직문화를 가진 기업일수록 근로자들의 태도가 긍정적으로 나타났다고 주장했다. 이러한 연구 결과는 다양성 경영이 잘 시행되고 있는 기업의 경우 근로자들의 통합과 조직몰입이 높아지고, 심리적 불안정이나 부조화가 감소한다는 의미와 그 궤를 같이 한다.

이승계(2011)는 국내 기업들이 다양성 경영을 도입할 때 고려해야 할 몇 가지 방안을 다음과 같이 제시했다.

첫째, 경영자들은 문화적 배경이 다양한 구성원들이 많아지는 작업집단의 조직과정과 조직성과에 영향을 미치고, 다수와 소수 집단 간에 차별과 배제를 조장함으로써 조직통합과 시너지 확보에 어려운 문제를 초래할 수 있기 때문에 조직구성원들의 다양성을 조직발전의 긍정적 에너지와 경쟁력 제고의 원천으로 활용할 수 있도록 대처방안을 마련해야 한다. 구체적인 대안으로는 구성원들이 서로의 차이를 인식하고 존중하는 다양성 훈련프로그램과 다양한 구성원들의 가치와 차이를 존중하는 포용적 조직문화를 구성해야 한다는 것이다.

둘째, 외국인 근로자나 결혼이민자, 동포 근로자 등의 소수집단이 조직 내 주류사회와 융화하지 못하고 갈등을 겪거나 차별을 당할 경우, 직장

이동이 증가하고 성과가 저하될 수 있다는 포용-배제 이론을 참고하여 다양한 구성원들의 통합에 노력해야 한다.

셋째, 경영자들은 다양성 경영 도입 시 근로조합 및 시민단체의 입장과 의견을 수렴할 수 있는 합리적인 의사소통 채널을 마련해야 한다. 또한 근로조합과 시민단체들도 사회적 약자 보호와 사회정의 실천 차원에서 소수집단이 고용차별과 인권침해 등 불이익을 받는 일이 없도록 좀 더 적극적으로 보호하려는 노력을 해야 한다.

넷째, 정부는 기업의 다양성 경영 도입 촉진을 위한 적극적인 고용정책 확대와 관련 정책 마련에 노력해야 한다. 증가하고 있는 외국인 근로자와 결혼이민자, 동포 근로자 등의 고용기회를 확대하기 위해 인종 다양성 관련 조항을 추가해야 한다.

다섯째, 고령화 · 저출산의 심각성과 내국인의 3D 기피 업종, 중소기업의 인력난을 고려할 때, 외국인 근로자의 구인난에 도움이 됨에도 불황과 국내의 청년 취업의 어려움과 비정규직의 화두를 빌미로 근시안적인 고용보호주의를 주장하는 것은 사회융합과 근로시장의 근본적인 해결책이 될 수 없음을 직시해야 한다.

궁극적으로 세계화된 시장경쟁에서 한국 기업들이 지속적인 경쟁우위를 확보하기 위해서는 다양한 문화적 배경의 근로력이 가진 차이와 가치를 존중하고 이들의 잠재력을 최대한 활용할 뿐만 아니라 이들을 국제 시장 개척에 선봉장으로 활용할 수 있는 장기적이고 전략적인 글로벌 마인드가 요구된다.

다양성을 존중한다는 것은 나와 나 아닌 타인의 다름을 인정하는 것이다. 다름을 인정한다는 것이 반드시 내 생각과 사고방식을 접고 타인의 생각이나 사고방식을 좇는다는 의미가 아니라 단지 '저 사람은 나와 생각이 다르구나', '그렇게 할 수도 있겠다'라는 이해를 요구하는 것이다. 다양성으로 인해 효율성은 떨어질 수 있지만, 다양성을 존중함으로써 사회의 전체적인 이해 폭이 넓어지고, 깊이가 깊어질 것이다. 그렇게 함으로써 새로운 생각과 창의력이 많아질 수밖에 없고, 나아가 그 사회의 경쟁력을 키우는 원동력이 될 것이다.

2.
타자성과 상호문화의 관계

1) 타자지향성

다문화 사회에서의 진정한 사회통합은 소수문화 또는 비주류문화로 간주되는 타자들에 대한 배려와 존중, 타자에 대한 책임의식과 그들의 부족함에 응답할 줄 아는 인간의 윤리성에 근거해야 한다. 다문화 사회에서 소수문화에 속한 사람들은 분명히 타자적 존재다. 자신과 타인 혹은 타문화와의 역동적 관계를 중시하는 상호문화 환경에서 타자의 문제는 더욱 중요한 의미를 가진다(이화도, 2011).

최근 미국이나 캐나다, 호주 등에서는 다문화주의 정책들의 부정적인 측면을 반성하는 기조가 나타났다. 그와 동시에 이질적 문화와 정체성의 조화로운 공존을 시도하는 유럽의 정책들을 수용하려는 경향이 나타나고 있다. 문화 다양성을 중심으로 생각해보면, 궁극적인 출발점은 정체성의 구성에 관한 인식이다. 정체성은 '상호(inter)'의 구조를 지닌다는 것, 다시 말하면 상호주체성(inter-subjectivity)에 대한 인식이야말로 모든 관계 맺기(최승은, 2015)의 기초를 이루고 있다.

자아의 구성적 성격이 특별히 강조되어야 하는 이유는 유아독존의 불가능성과 허구성에 직면하여 타자를 향한 윤리적 실천이 자아의 자랑거리가 아니라 실존적 필연성임을 깨달을 수 있기 때문이다. 자아와 타자가 서로에게 거울이 됨으로써, 즉 상호 교류와 교감 그리고 인정을 통해 주체가 된다는 상호주체성에 대한 이해는 세계화 시대의 민주시민에게 필요한 기본 인식이다. 타자와의 만남은 주체와 주체가 만나는 것이며, 그 만남의 관계는 윤리적 실천이 바탕이 되어야 한다는 것이다(최승은, 2015).

타자에 대한 인간 존중, 즉 윤리적 차원의 논의는 현대철학의 쟁점 중 하나다. 레비나스는 타자 철학을 통해 데카르트 이후 서양철학을 지배한 주체성의 이념이 타자의 존재를 자아 안으로 동화시킴으로써 타자의 존재 의미를 훼손했음을 비판하고(김연숙, 2000), 타자와 더불어 세계 안에 살아가는 인간존재의 의미를 새롭게 규정하고자 했다. 타자를 내 집으로 받아들이는 것, 즉 그를 환대하는 가운데 구체적인 윤리성이 시작되며, 이로써 전체성의 틀은 깨어지고, 참된 무한의 이념이 자리할 공간이 열릴 수 있음을 강조했다(Levinas, 1979).

레비나스는 나의 존재를 내세우면서 타자를 거부하고 말살하는 것을 악으로 규정하고, 타자가 누구이든 조건 없이 받아들이고 환대하고 존중하는 것이 초월적 존재로 나아가는 길이라 했다. 또한 진정한 의미에서의 내적 연대는 타자와의 윤리적 관계를 통해서만 이루어질 수 있으며, 이는 우리 모두 쾌락의 자아에서 벗어나 윤리적 자아로 나아갈 수 있도록 하는 길이자 신을 만날 수 있는 유일한 길임을 보여주고자 했다(강영안, 1999). 레비나스는 법을 타인의 얼굴로 이해해야만 가능하다고 말한다. 타자는 인식과 실천적 측면에서 나로 통합될 수 없는 나와는 전적으로 다른 존재이자, 내 안에 존재이기 때문에 타자가 볼 때 주체인 '나'도 타자다.

후설은 타자의 성격을 "본래 접근 불가능한 것은 확증 가능한 접근성 속에서 규정된다"라고 주장하고 있다. 이 말은 타자에 대한 후설의 입장을 압축적으로 표현한 것이다. 후설에 의하면 타자는 원칙적으로 "원초적으로 충족되지 않는 경험, 원본적으로 자기 부여를 하지 않는 경험" 속에서만 주어질 수 있다고 보았다. 후설은 타자를 "본래 원초적으로는 인식이 불가능하지만 여러 간접적 정황과 방법을 통해 하나의 인간으로서, 곧 타자로 인식할 수 있다"고 주장했다. 후설이 타자에 이르는 대표적인 방법으로 제시하는 것이 바로 감정이입 방법이다. 감정이입은 "내가 만약 거기에 있다면"이라는 식으로 나를 타자의 위치로 전이시켜 그의 내면을 체험하는 일종의 상상 작용이다. 다시 말하면, 나와의 유사성을 근거로 타자에 대한 감정이입이 이루어진다.

후설은 이렇게 함으로써 동질성을 근거로 양자 간의 간격을 가능한 한 줄이려고 노력했다. 후설은 나와 타자 간의 분리보다는 결합을 강조했다. 이를 바탕으로 한 공동체성이 타자 이론의 핵심이다. 후설은 "다른 사람과 사랑하면서 융합하는 것"이 "가장 긴밀하게 서로 하나가 되는 것"이라고 말하면서 서로 다른 사람을 하나로 묶는 '사랑의 결합성'에 대해 강조한다. 또한 후설은 나와 타자가 서로에 대해 남남이고 이질적인 상태에서 하나의 친밀한 관계로 전이해가는 과정을 설명하기 위해 그 매개체를 상호작용이 결여된 감정이입을 넘어 '의사소통'과 '사랑' 속에서 찾는다. 이렇게 함으로써 나와 타자는 분리의 관계에서 결합의 관계로 변화할 수 있다는 것이다. 후설은 이러한 관계의 변화를 단순히 정적이고 추상적으로 기술하지 않고, 하나의 "역사적인 과정"으로 이해하고 있다. 이처럼 타자의 문제를 역사성의 차원으로 논의함으로써 타자의 문제를 역동적이고 현실적으로 이해하려고 한다(박인철, 2005).

후설이 타자의 경험을 역사적으로 해명하기 위해 끌어들인 개념은 바로 '습성'이다. 후설은 이러한 '습성'을 토대로 나와 타자 간의 관계를 이해하고 있다. 박인철(2005)은 후설의 타자 이론을 타자가 낯선 존재에서 친숙한 존재로 변함으로써 나와의 관계도 질적인 전환을 맞는다고 하면서, '타자 경험의 습성화'에 대한 이론으로 간주하고 있다. 후설이 말하는 습성의 배경을 이루는 것이 바로 나의 고향 세계인 '공동체'다.

각각의 개인은 자기 의지대로 습성을 만들고 없애려 해도 자신이 살고 있는 역사적 공동체의 틀을 넘어서서 완전히 다른 습성을 만들 수는 없다. 그렇기 때문에 후설은 습성에 대해 기본적으로 상호주관적이고 공동체적이라는 의미에서 "공동체적 습성"이라고 했다. 또한 "한 개인의 모든 습성은 타자의 습성과 연결되어 있으므로 다수가 하나의 결합된 습성을 지니고 있다"라고 주장했다. 예를 들어 우리는 문화적 차이로 인해 타자의 문화를 낯설게 보게 되며, 그 문화를 비정상적이라고 생각한다. 그러나 아무리 낯설고 비정상적이라고 간주되는 타자도 접촉을 통해 서로 간의 공통성을 발견하며, 양자 간의 질적인 융합 또는 공감이 이루어질 수 있다. 여기에서 "나는 타자를 정상적인 것으로 수용한다." 이와 같이 역사성 속에서 타자는 내게 절대적 타자가 아닌 상대적 타자, 바로 나에게 친숙한 타자로 전이해가는 것이다. 인간 개개인은 홀로 존재하는 것이 아니라 공동체적 사회에서 언제나 타자와 더불어 존재한다. "인간의 다른 이름은 관계"이며(Buber, 1962), 인간은 서로 연결되어 있다.

부버(Buber, 1964)는 나와 타자의 관계를 대화적 관계를 통해 '나'와 '너'가 만나는 것이라고 했다. 대화적 관계는 대화의 순수성 속에서 드러나지만, 대화로 대화적 관계가 형성되는 것은 아니다. 두 사람이 서로 침묵하는 것도 대화이며, 공간적으로 서로 멀리 떨어져 있다 하더라도 대화의 논의는 지속될 수 있다. 다시 말하면, 타자와의 모든 대화는 포용적 요소들을 포함할 때만 그 진정성을 획득할 수 있다는 것이다. 그것이 추상적이든, 대화 상대의 '인정(Anerkennung)'이든 타자의 경험에서 발생할 때만 실제적이고 효과가 있게 된다는 것이다(Buber, 1964).

부버(Buber, 1979)는 인간의 자기상실과 원자화를 인간과 인간 간의 관계가 깨어진 데서 기인한 것으로 본다. 인간은 객체화될 수 없는 주체이며, 인격으로서 공존하는 '나'와 '너'가 되어야 한다고 주장했다. 부버에 따르면, '참된 공동체'는 사람들이 서로를 위하는 감정을 가지는 것으로만 이루어지는 게 아니라 모든 사람이 살아 있는 상호관계에 들어서는 일에서 시작된다는 것이다(Buber, 1979). 다시 말하면, 우리가 발견 또는 재발견하게 되는 것은 바로 관계의 영역이라는 것이다.

지멜(Simmel)은 이주 흐름의 필연성을 제기하며 지속적으로 함께 살아가야 하는 존재로서의 타자에 대한 인식과 다양성의 인정을 주장했다. 지멜 이전에 '타자'와 '인정' 개념은 서구철학에서 오랫동안 논의되어오다가 헤겔(Hegel)에 와서 그 기초적 틀이 완성되었다. 헤겔은 인간이 추구하는 인정을 투쟁과 결합하여 인정투쟁을 제기했으며, 이는 마르크스(Marx)의 계급투쟁에 모티브를 제공했고, 하버마스(Habermas)와 호네트(Honneth)에 이르러 더욱 체계화되었다(이용일, 2009).

상호주체성의 관점에서 개인의 주체성을 바라보는 호네트(1992)에 의하면, 인간이 서로를 인정하는 상호인정은 사랑, 권리, 연대의 세 층위 혹은 세 단계에서 발생한다. 이 세 인정단계 모두에서 인정투쟁은 '주격 나'와 '목적격 나'의 갈등으로 진행된다. 다시 말하면, 상호주관적 정체성은 나에 대한 타인의 관점을 내면화하는 한편, 그에 대해 지속적으로 '나'의 요구를 주장함으로써 이루어진다. 주체들은 이러한 인정투쟁을 통해 그들에게 주어진 권리를 확대하고 새로운 규범을 창조해나간다. 서로 다름에도 함께 공존할 수 있는 열린 사회는 자신의 개별성과 정체성을 유지함과 더불어 타자와 낯섦에 대해 개방성을 지닐 때 나타나는 결과다. 인간의 정체성이란 타자와의 관계 속에서만 유지되는 것이기 때문이다(Ricoeur, 2006).

2) 상호문화성

다문화 사회의 문제는 문화적 차이뿐만 아니라 외국인에 대한 오해, 편견, 차별 등으로 인해 이주자와 내국인이 서로 불신하면서 이질감을 느끼기 때문에 발생한다(김판준, 2013). 이와 같이 자문화와 타문화가 접촉하고 관계를 맺으면서 상호 간의 소통이 발생하는데, 이러한 과정에서 해당 구성원에게 때로는 위협적으로 때로는 호의적으로 작동될 수 있다. 어떤 한 사람이 타문화를 접할 때 그 문화에 대한 지식이 없으면 그 문화는 물론 그 문화에 속한 타인의 특성에 대해 제대로 이해하기가 어렵다. 그러므로 상호문화소통을 위해서는 타문화뿐만 아니라 자문화에 대해서도 충분한 지식이 있어야 하며, 두 문화가 접촉하면서 이루어지는 상호문화 행위도 인지하거나 이해할 수 있어야 한다. 다시 말하면, 상호문화는 상대방과 직접 소통하면서 형성해가는 역동적이고 새로운 문화라고 볼 수 있다(김영순, 2020).

본 연구에서 '상호문화'라는 용어는 문화들 서로 간의 관계성을 나타내는 것이며, 동시에 문화 간의 차이와 유사성을 인정함으로써 모든 민족과 문화가 동등한 위치와 가치를 부여받는다는 것을 의미한다. 따라서 우리가 당면하고 있는 다문화 사회라는 현실에서 "인간과 인간", "문화와 문화"라는 슬로건은 상호문화소통을 통해 강조될 필요가 있다. 이와 관련하여 정영근(2007)은 우리의 현실 문제가 "인간과 문화의 사이"이며, 사이의 관계적 계기가 중시되는 이 시대에는 "사이 잇기 교육과 상호문화교육"의 중요성을 강조했다.

서구 사회에서는 이미 오래전부터 외국인 근로자들의 유입으로 인한 다문화 사회로의 변화에 대처하기 위해 외국인정책과 교육학적인 방안이 논의되었지만, 결혼이주여성과 외국인 근로자들의 유입으로 인해 다문화 사회로 진입한 한국 사회에서는 이러한 논의가 이제 시작 단계다. 이러한 상호문화교육의 바탕에는 상호문화성이 자리 잡고 있다. 그렇다면 '상호문화성'은 무엇을 의미할까? 어떤 사람은 문화의 다양성에 초점을 두어 다양한 문화의 공존이라고 주장하기도 하고, 어떤 사람은 목표문화에 대한 통찰로 이해하기도 한다.

정영근(2007)은 상호문화성을 "우리 각자의 주관이 다르지만 사람들 사이에 공통된 주관성이 존재하듯이 독특한 개성을 지닌 각각의 문화들 사이에도 공통된 보편성이 존재하는 것"이라고 정의했다. 그렇기 때문에 상호문화성은 "단순히 문화들 사이의 접촉이나 교류의 차원을 넘어 문화에 내재한 보편적 성격과 문화 사이에 존재하는 깊은 유대감 및 내적 연관성"을 드러내는 개념이라는 것이다.

따라서 상호문화는 사람들이 개인 차원에서뿐만 아니라 사회 차원에서 타인과 맺는 관계 속에서, 그리고 세계라는 개념 속에서 참조하는 상징적 표상, 생활방식, 가치 등이 내포되어 있다(조영철, 2018). 상호문화성은 이렇게 서로 다른 문화들이 동등하게 접촉하고 교류할 수 있다는 전제하에 종교적인 측면에서는 '종교적 관용'을, 정치적인 측면에서는 '다원적·민주적 사유 방식'을 필요로 한다.

'상호문화성'은 문화 안에 존재하는 각 개인의 '만남'과 '관계'가 역동적으로 이루어지는 것이다. 이러한 역동성은 '나의 것'과 '낯선 것'을 동시에 표현하며, '낯선 것'과의 접촉은 언제나 나 자신에 대한 지각모델에 따라 성찰이 이루어진다는 것을 보여준다(Holzbrecher, 2004).

상호문화성은 '상호성'의 의미를 더 강조하는 것으로, 자문화와 타문화 사이에 놓여있는 간극이나 공간, 그 사이에서 작용하는 관점과 전망을 다루는 소통으로서의 방법이자 수단으로서의 상호문화적 만남을 강조한다. 따라서 상호문화성은 단지 타자와 타문화를 인정하는 것으로 이루어지는 게 아니라 그것을 뛰어넘어 개인이나 문화 및 정체성 간의 관계 설정 및 상호작용을 강조하면서 서술 차원이 아닌 행동, 실행 차원에 더 비중을 두는 실천적 의미를 지닌다고 볼 수 있다(이화도, 2011).

하수권(2007)은 문화를 '고유문화'와 '타문화' 그리고 '중간문화'로 구분했다. 고유문화와 타문화는 집단적 습관이나 행위 양식으로 정의되는 반면, 중간문화는 서로 다른 정체성을 가진 2개 이상의 문화를 전제로 하는 둘 이상의 의사소통 행위자들이 서로 협의하여 결정하는 것으로 개별적이고 유동적이라고 했다. 하수권이 주장하는 중간문화에 해당하는 것이 바로 '상호문화성'으로 해석할 수 있다. 이것은 서로 다른 문화적 관점이나 가치들이 지속적으로 상호작용하면서 진행 또는 수행되는 '역동적 과정'이기 때문에 확고불변하지 않다. 예를 들어, 서구에서는 두 화자가 서로 대화하는 동안 상대방의 눈을 지속적으로 쳐다보면서 대화하는 것을 매우 중요시한다. 상대방의 눈을 쳐다보지 않고 대화하는 것은 무관심 또는 무엇인가를 속이고 있다고 생각할 수 있기 때문이다. 이와 반대로 한국 사회에서는 특히 어른들과 대화할 때 지속적으로 눈을 쳐다보는 것은 상대방을 무시하거나 무례하다고 보기 때문에 계속해서 시선을 접촉하지 말 것을 권하고 있다. 여기에서 상호문화성은 이러한 문화적 차이를 이해하고 존중하는 것, 서로 다른 문화를 배우려는 '개방적 자세', 문화적 차이로 인한 갈등이 있을 경우 서로 협의하는 행위들이 상호문화성의 구체적인 사례가 될 수 있다(조용길, 2015).

이러한 점에서 상호문화성은 고유문화 또는 타문화 어느 한쪽에 치우치지 않고 고유문화와 타문화를 상대화시켜 이 두 문화를 매개할 수 있는 능력이라고 할 수 있다. 이를 위해 서로 문화가 다른 사람들이 의사소통할 때, 자신이 가진 기존의 선입관이나 틀에서 벗어나 상대방 문화를 바라볼 수 있는 능력을 지녀야 할 것이다. 그렇다고 해서 자기 입장을 포기하라는 것이 아니라 자신의 관점이 객관적이고 절대적이지 않다고 인식하는 것이 중요하다. 예를 들어, 한국은 외국인 유학생과 국제결혼가정 및 외국인 근로자 수가 증가하고 있기 때문에 다문화적 가치가 지배하고 있어서 어떤 특정 문화가 한국문화 전체를 대표할 수 없을 것이다. 다시 말하면, 타문화 및 고유문화에서도 문화적 다양성이 존재하기 때문에 타문화의 이해는 상호문화성의 핵심 내용 중 하나다. 이를 위해 무엇보다 자기 개방성과 타자에 대한 관용이 요구된다. 따라서 상호문화성은 고유문화와 타문화 사이에 나타날 뿐만 아니라 개별문화 내부의 다양한 의견 사이에 나타나는 소통 능력으로, 자신과 다른 문화적 관점이나 가치에 대해 이해하고 포용하며, 원활한 소통을 위해 서로 협의하여 조정안을 마련하는 능력이라고 할 수 있다.

최현덕(2009)은 상호문화성의 구성요소를 다음과 같이 세 가지로 구분했다. 첫째, 상호문화성은 평등한 상호관계 지향을 담고 있다. 따라서 상호문화 연구자들은 서로 다른 문화가 접촉할 때, 모든 문화가 각기 주체이며, 힘의 크기에 상관없이 동등한 권리를 갖고 있다고 주장했다. 둘째, '상호문화성'은 '만남'에 관한 개념이다. 접두사 'inter'는 또한 '사이'를 함축하기 때문에 일방적으로 계획하거나 의도하지 않는 새로운 만남을 통해서만 형성될 수 있는 공간이다. 셋째, 상호문화성은 상이한 것들의 단순한 병존을 넘어서는 그들 사이의 '역동적인 상호작용'을 함축한다. 이러한 상호작용의 역동성은 다양성을 주장하면서도 상대주의에 빼놓을 수 없는 전략을 의미한다. 다시 말하면, 서로 만나서 상대방을 인식하고, 또 상대방을 통해 나를 인식하고, 이 과정에서 서로 영향을 주고받기도 하고 갈등을 겪기도 하며 서로를 변화시키는 것, 이러한 과정을 통해 서로가 함께 참여하는 보편성을 모색하는 것이다.*

하지만 현실에서는 대화 상대자가 서로 평등하지 않은 경우가 훨씬 더 많다. 특히, 생산현장에서 경영자와 외국인 근로자 사이에서는 위계질서에 따라 대화가 이루어지기 때문에 갈등 상황이 벌어질 수도 있다. 이러한 경우 '상호문화성'은 어떤 역할을 할 수 있을까?

대화 상대자들이 이른바 권력관계에서 불평등하고, 상대방에게 불이익을 주거나 상대방을 억압 혹은 착취하는 상황일 경우, 이와 같은 상호문

---

* 상호문화 철학자들은 이러한 상호작용을 가능케 하는 통로로 '대화'를 설정한다. 킴멀레는 상호문화적 대화에서 다음 사항들을 염두에 둘 것을 강조한다. 첫째, 대화 참가자들이 각기 다른 의견들을 갖고 있고, 그들이 하는 말의 내용이 다르다 하더라도 지위에서 동등성을 인정받아야 한다. 둘째, 대화의 결과가 어떻게 나올지는 열려 있어야 한다. 이는 대화 과정에서 서로가 자신을 변화시킬 가능성을 열어두어야지, 자신의 견해로 상대방을 설득시키려는 식의 태도, 대화의 결과를 이미 선취하려는 태도로 진행되는 이야기는 결코 대화라 불릴 수 없다는 것을 뜻한다. 셋째, 서로가 서로를 이해하게 되는 데는 언어 또는 토론만이 유일한 수단이 아니라는 것을 고려한다. 넷째, 나 자신이 혼자서는 결코 알지 못했을 것을 상대방으로부터 들을 수 있을 것이라는 기대를 하고 대화에 임한다(최현덕, 2009 재인용).

화성을 바탕으로 대화하라는 것은 어불성설일 것이다. 하지만 서로가 갈등 상황을 극복하고자 할 의지만 있다면 대화는 필요할 것이다. 그럼에도 상호문화성은 대화 상대자가 스스로 부당하다고 느끼지만 힘이 약하다고 판단할 경우, 강하게 하는 방안을 모색할 것이다. 예를 들어, 공공성에 호소하거나 한국 상황에 능통한 동료 및 지역사회의 다문화지원센터 또는 인권단체 등과 함께 사회적 연대운동을 조직하여 대화에 나설 수 있다.

김달관(2019)은 브라질의 '인종민주주의'라는 주제를 발표하면서 에콰도르와 볼리비아가 탈식민지적 관점에서 사회통합모델로서 인종주의와 관련하여 상호문화적인 전환을 시도했다고 주장했다. 이 연구에서 '상호문화성'은 문화와 문화 간의 접촉과 만남을 통해 이루어지는 개개문화의 변화, 이에 수반되는 상호융합 현상과 가능성을 의미한다. 그는 상호문화성의 핵심은 다른 문화와 다른 문화의 관계 맺음이라고 주장했다. 다시 말하면, 상호문화성은 한 문화권의 인간과 다른 문화권의 인간 사이의 만남, 이해, 상호결합이다.

김달관(2019) 상호문화성이 다음과 같은 세 가지를 필수 전제로 한다고 제안했다. 첫째, 각 문화 간의 차이와 다양성을 인정한다. 외국인 근로자를 고용한 중소기업의 생산현장에서도 외국인과 한국인이 공존하는 다문화 환경이 조성되고 있으며, 일하는 과정에서 문화 간 상호작용이 발생할 것이다. 이와 같은 상황에서 한국인이 외국인 근로자들의 문화적 환경과 관습을 이해하지 못했을 경우, 역으로 외국인 근로자들이 한국인의 문화를 이해하지 못했을 경우, 이 두 문화 간에 다양한 갈등 상황이 연출될 것이다. 둘째, 문화적 차이를 목적론적으로 위계 질서화된 서열로 이해하지 않고 모든 문화에 대해 동등한 가치를 부여한다. 셋째, 서로 다른 문화 간의 상호공감대와 융합 가능성을 모색한다. 따라서 상호문화성은 이러한 주관적 체험과 태도의 문제를 어떻게 이해할 것인가와 관련이 있다. 그렇기 때문에 그는 상호문화성이 문화적 다양성에 기초하면서도 횡단의 정치('대화의 과정')를 넘어서는 어떤 문화적 보편성을 향한 인간 자유의 추구를 전제로 해야 한다고 주장했다.

상호문화성의 연결고리로서 '횡단의 정치'는 다양성 사이의 상호작용을 통해 나에게 결여된 것을 발견하고 부족한 것을 메꿈으로써 새로운 자아를 재발견하는 것이다(이동수 외, 2012).

다시 말하면, 대화 과정으로서 횡단의 정치는 자신의 개별성을 보호하면서도 개인성 간의 교차 · 횡단 · 소통을 통해 일련의 연대적 · 집합적 공동성을 이루는 것이다. 따라서 개인들의 개체성을 유지하면서도 개체 간의 소통 가능성을 높여 상호문화에 대한 이해와 공감대를 형성하여 다양성과 공동성을 동시에 획득한다.

3) 상호문화 역량과 상호문화 경험

상호문화성은 초국적 이주가 보편화된 세계화 시대에 특정 문화가 다른 문화를 지배하거나 동화시키는 것을 비판하고 모든 문화가 상호 균등한 위치에서 교류를 가능케 한다. 그래서 상호문화성은 자신이 속한 문화에서 경험할 수 없는 다른 세계관과 문화를 배울 수 있다. 이와 같이 상호문화성을 기본으로 하는 상호문화소통은 다른 문화, 다른 관습, 역할 규칙에서 살아가는 것을 배우며, 새로운 사고방식이나 행동 방법을 이해하고 즐기고 도와주는 것을 목적으로 한다(구현정 · 전영옥, 2017).

앞에서 언급했듯이 '상호문화' 개념에는 다른 문화에 대한 이해의 결여 또는 부족뿐만 아니라 자문화를 타문화에 대한 척도로 간주하거나 자문화만을 옳은 것으로 타문화는 잘못된 것으로 간주하는 것이 오해와 갈등을 불러일으킬 수 있다는 전제가 내재해 있다. 어떤 경우에도 오해와 갈등 문제의 책임은 의사소통 능력의 부족에 있다. 그렇기 때문에 상호문화 역량은 행위자가 각각의 상황에 적합한 상호문화소통 형식으로 문제해결에 적극적으로 참여해야 한다. 이와 같이 상호문화 역량은 다른 문화적 배경을 지닌 사람들과 성공적으로 상호문화소통을 할 수 있는 역량을 의미한다. 특히, 다문화 사회에서 원활한 상호문화소통을 위해서는 사회적인 기술뿐만 아니라 다른 가치관, 견해, 삶과 사고방식에 대한 민감성과 이해력이 요구된다. 이는 타인을 이해하고 존중하게 하는 상호문화 역량 개발을 통해 가능할 것이다.*

유수연(2012)은 상호문화 의사소통 능력을 인지적 지식, 언어학적 지식, 상호문화성, 상호작용 내 행위능력의 네 가지로 구분하고, 이런 능력을 함양하기 위해 실제로 강의를 개발했다. 이를 통해 참여한 학생들이 타문화와 접촉하면서 어떠한 경험을 했고, 어떤 소통 능력을 개발했는지를 주시했다.

상호문화소통은 자문화와 타문화가 접촉하면서 관계 맺기를 통해 발생한다. 자문화가 타문화와 접촉하면서 상호문화소통이 이루어지는데, 이때 해당 사회의 구성원들에게 때로는 위협적으로, 때로는 호기심으로 작동될 수 있다. 예를 들어, 어떤 사람이 타문화와 접촉하게 될 때, 그 문

---

* 최치원(2013)은 문화 간의 의사소통 특징들을 고찰하고 문화에 대한 근본인식과 문제해결 능력을 체득하는 것을 지향한다는 점에서 '상호문화 역량'과 '상호문화소통' 간에는 본질적인 차이가 없다고 주장했다.

화에 대한 지식이 없으면 그 문화는 물론 그 문화에 속한 타인의 성격 및 특성에 대해 제대로 이해하기란 쉽지 않다. 그러므로 상호문화소통을 위해서는 상대방의 문화뿐만 아니라 자문화에 대한 지식이 있어야 하며, 이두 문화가 접촉하면서 발생하는 상호문화 행위도 이해할 수 있어야 한다. 다시 말하면, 상호문화 역량은 저절로 형성되는 것이 아니라 학습행위나 경험을 통해 상대방과 직접 소통하면서 생성되는 역동적이고 새로운 문화라고 할 수 있다. 이와 관련하여 이병준 외(2016) 역시 상호문화 역량을 "상호문화소통에 대해 예측하기 어려운 다문화적 현상인 문화적 혼종을 통해 구성되는 새로운 사회 환경에서 모든 사람이 평화롭게 삶을 영위할

〈표 2-1〉 상호문화 역량의 구성요소와 내용

상호문화 역량군	구성요소	내용
성찰	거리 두기, 판단보류	자기 생각과 행위에 대해 스스로 돌아보는 역량
의사소통	언어능력, 언어 인식, 상황 파악, 감정 인식	언어적 · 비언어적으로 문화적 상황맥락을 인식하여 적절한 문화적 의사소통을 하는 것
갈등관리	상호작용을 위한 학습 규칙 인식, 대인 감지	다문화적 상황으로 인한 갈등을 바람직하게 해결해나가는 과정
유연성	개방성, 탈중심성	다문화적 상황에서 낯선 것에 침착하고 여유롭게 대처하는 능력
민감성	호기심	다른 사람, 다른 문화를 예민하게 인식하는 능력
문화적 지식	타문화에 대한 지식, 자문화에 대한 지식	다른 문화를 이해하는 역량
공감	이해 능력	다른 사람, 다른 문화를 그들이 느끼는 것처럼 자신도 그렇게 느끼는 역량
존중	존엄성, 신뢰	다른 사람, 다른 문화를 인정하는 차원에서 벗어나 귀하게 생각하는 역량

출처: 이병준 외(2016)

수 있도록 새로운 문화를 만들어가는 과정에서 필요한 역량"이라고 정의 했다.

이병준 외(2016)는 다양한 학자의 이론을 통해 상호문화 역량 구성요소 43개를 추출했으며, 비슷한 항목들을 통합하여 최종적으로 8개의 상호문화 역량군인 성찰, 의사소통, 갈등관리, 유연성, 민감성, 문화적 지식, 공감, 존중을 도출했다. 그에 따른 구성요소와 내용은 위의 〈표 2-1〉과 같다.

이병준 외(2016)의 연구는 국내외 기관이나 학자들의 다양한 이론을 종합 비교하여 새로운 상호문화 역량을 제시했다는 데 다른 연구들과 차별성이 있는 것으로 평가할 수 있다. 이를 바탕으로 윤현희(2019)는 상호문화 역량의 영역과 구성요소들을 구분했다. 그는 상호문화 역량의 영역을 인지 · 정서 · 행동적 영역으로 구분하며, 이 영역들은 각기 독립적으로 분리된 기능이 있다기보다는 영역과 요소 간의 지속적인 상호작용을 통해 발현된다고 주장했다. 이에 대해 정리하면 다음 〈표 2-2〉와 같다.

'인지적 영역'은 인식 · 지식 · 기능 측면으로 구분된다. 인식 측면은 나에 대한 인식과 성찰 부분, 타자에 대한 인식 부분 등이며, 지식 측면은

〈표 2-2〉 상호문화 역량의 영역과 구성요소

영역		구성요소
인지	인식	자기인식, 자기성찰, 자문화 성찰, 타자인식, 타문화에 대한 인식
	지식	타자에 대한 지식, 타문화에 대한 지식, 문화이론적 지식
	기능	반성적 사고, 비판적 사고
정서		존중, 공감, 이해, 관용, 수용, 인정, 사랑, 개방
행동		대화, 경험, 적응, 협상, 갈등관리

출처: 윤현희(2019)

타자와 다른 문화를 이해할 수 있는 지식, 문화이론적 지식 부분을 포함한다. 기능 측면은 인식과 성찰에 필요한 사고 기능, 즉 반성적 사고와 비판적 사고 부분을 포함한다. 이러한 인지적 영역의 역량들은 정서적 영역과 행동적 영역의 상호문화 역량 발현을 극대화하는 기능을 담당한다.

'정서적 영역'은 낯선 것에 대처하는 능력 차원의 요소들, 즉 공감, 이해, 관용, 수용, 인정, 사랑, 개방 등을 포함한다. 이를 통해 주체 중심적 사고에서 벗어날 수 있을 뿐만 아니라 타자와 타문화에 대한 일방적이고 편협한 사고를 멈추게 할 수 있다.

'행동적 영역'은 우리가 일상에서 행하는 실천과 관련이 있다. 특히, 의사소통과 연관성을 지니는데, 여기에는 언어적 · 비언어적 의사소통, 적절한 의사소통을 할 수 있는 능력을 모두 포함한다. 이 외에도 긍정적 관계 형성, 구성원들 간의 협력, 타문화에 대한 적응, 갈등 해결 등을 포괄한다(윤현희, 2019).

이상과 같이 타인과의 상호문화소통 상황에서 우리가 지닌 상호문화 역량은 독립적으로 존재하는 것이 아니라 영역과 구성요소 간의 통합적이고 동시적인 발현을 통해 기능한다고 생각할 수 있다. 그렇기 때문에 상호문화 역량의 요소들은 상호의존적으로 존재한다고 볼 수 있다.

바이람(Byram, 1997)은 문화적 배경이 다른 사람들이 교류할 경우, 서로의 문화차이를 인식하고 존중하며 의사소통에서 발생할 수 있는 오해나 갈등을 감소시킬 수 있다고 한다. 이 경우, 효과적인 의사소통을 하기 위해서는 상호문화소통 역량이 요구된다고 주장했다. 바이람은 상호문화소통 역량을 언어 능력, 사회언어 능력, 담화 능력, 상호문화 능력의 네 가지로 구분했다. 특히, 상호문화 능력의 중요성을 강조하고, 이 능력에는 지식, 해석 및 연관 기술, 발견 및 상호작용 기술, 태도, 비판적 문화인식 등이 포함된다. 이러한 상호문화 능력의 요소들을 설명하면 다음과 같다. 첫째, 지식은 자신이 공유하고 있는 언어나 문화에 대한 지식뿐만 아니라 타인, 즉 소통하는 상대방의 문화와 언어에 대한 지식을 포함한다. 특히, 상대방의 문화적 배경을 이해하기 위한 지식은 상대방에게 열린 마음을 갖게 하고, 편견이나 차별이 발생하게 하는 것을 차단한다. 둘째, 해석 및 연관 기술은 자문화와 타문화를 이해하고 해석할 수 있으며, 이러한 해석을 가능케 하는 역량이다. 셋째, 발견 및 상호작용 기술은 자국과 타문화에 대해 이미 습득한 지식, 기술 및 태도를 일상에서 실제로 활용할 수 있는 역량을 말한다. 넷째, 태도는 타인이 사용하는 언어와 그가 지닌 문화에 대한 지식으로 상대방에게 공감과 호기심을 가지고 실제적인 행동이나 태도를 통해 보여주는 것을 말한다. 다섯째, 비판적 문화 인식은 타인에 대해 습득한 지식이나 태도를 통해 발생한 새로운 문화정체성을 말한다. 더불어 이런 정체성을 바탕으로 구성되는 자신의 고유문화와 타문화에 대해 비판적으로 생각할 수 있는 역량도 여기에 속한다(딜로자, 2019 재인용). 이와 같이 바이람은 상호문화소통 역량은 "언어, 사회언어, 담화 그리고 상호문화 역량"으로 구성되며, 이 요소들이 결합함으로써 성공적인 상호문화소통이 이루어진다는 것이다.

김영순(2020)은 초국적 사회에서 이주민의 문화적응 일상에서 나타나는 상호문화소통 과정을 기술하는 데 있어 개인적 차원과 대인적 차원을 구분했다. 이 연구에서 개인적 차원은 소통의 주체로서 인식과 해석에 역점을 두었다면, 대인적 차원은 타인과의 의사소통과 상호작용 관찰을 중시했다. 다음 〈표 2-3〉은 이주민의 상호문화소통 과정을 기술하는 데 필요한 요소들을 정리했다.

〈표 2-3〉에서 제시한 분석 내용들은 이주자로서 개인이 이민 사회의

〈표 2-3〉 이주민의 상호문화소통 과정에 대한 기술 요소

차원	영역	상호문화소통의 경험 내용 기준
개인적	지식	• 자신이 공유하고 있는 언어나 문화에 대한 지식뿐만 아니라 타인, 즉 소통하고 있는 상대방의 문화와 언어에 대한 지식
	해석 및 연관 기술	• 자국 문화와 타문화를 이해하고 해석할 수 있었던 경험
	발견 및 상호작용	• 자국과 타문화에 대해 이미 배웠던 지식, 습득한 기술 및 태도를 일상생활에서 실제로 활용한 경험
	태도	• 타인이 사용하는 언어와 그가 지닌 문화에 대한 지식으로 상대방에게 공감과 호기심을 가지고 실제적으로 행동을 하거나 그런 태도를 경험
	비판적 문화인식	• 타인에 대해 배운 지식이나 태도를 통해 발생한 새로운 문화정체성의 경험
대인적	이해와 존중	• 자국 문화와 다른 문화권 사람들의 다양함을 이해하고 존중한 경험 • 접촉하는 대화 상대의 다양함을 파악하고 차이점을 인정하며 존중한 경험
	상호작용	• 사람들과 상호작용할 때 효과적이고 원활한 의사소통을 제공한 경험
	대인관계	• 다양한 문화권에서 온 사람들과 상호의존적이며 긍정적인 대인관계를 구성한 경험
	공감	• 타인의 의견을 경청하고, 그들의 감정을 이해하려고 그들 입장에서 고려와 경험을 해보는 것
	자극 선호	• 상호문화적인 상황에서 개인이 지닌 인지적 특성인 자극을 중심으로 하여 일상생활에서 조우할 수 있는 다양한 상황에 대응할 수 있도록 더욱 적극적인 태도를 가진 경험
	글로벌 태도	• 초국적 이주자로서 본국과 이주국 사이의 문화매개자 역할을 한 경험

출처: 김영순(2020)

선주민인 다수자 혹은 다른 문화적 배경을 지닌 다른 이주자와의 상호문화소통을 이해하는 준거가 될 것이다.

본 연구에서는 외국인 근로자를 고용한 경영주와 외국인 근로자 간 생산현장에서 이루어지는 상호문화 경험을 김영순(2020)의 틀을 바탕으로 상호문화성의 다섯 가지 기준(이해, 공감, 소통, 협력, 연대)*을 통해 분석할 것이다. 왜냐하면 이 두 그룹은 현재 생산현장에서 타문화와 조우할 수 있는 다양한 상황에 직면하여 상호문화 경험이 이루어지고 있기 때문이다. 이와 같이 상호문화소통에 대한 역량은 문화적인 다른 배경을 가진 사람들 간에 소통하는 능력을 의미한다. 우리가 살고 있는 21세기는 타문화와의 만남에서 상호문화소통이 불가피하다. 우리가 해외에 가지 않더라도 타문화권 사람과 쉽게 접촉할 수 있고, 문화와 문화 간의 만남이 이루어질 수 있기 때문이다. 따라서 상호문화소통 역량은 다문화를 살아가는 현대의 필수적인 역량이자, 타문화와 공존할 수 있는 열쇠라고 할 수 있다. 상호문화소통의 토대를 이루고 있는 상호문화성의 다섯 가지 요인인 이해, 공감, 소통, 협력, 연대에 대해 살펴보기로 하자.

(1) 이해의 영역

언어 같은 전달 수단이 없어도 인간은 주위 환경을 인지하고 그 환경 속에서 타자를 인식한다. 하지만 언어를 매개로 소통할 때, 또는 언어를 통해 의사소통이 이루어질 때 타자를 더 잘 이해한다(김영진, 2016).

타자를 이해하는 것은 다르게 생각하고 느끼고 행동하는 사람들을

---

* 김영순(2021)에 따르면, 후설이 주장하는 상호주관성은 개인적 의식 혹은 자아가 아닌, 공동체적 의식 혹은 공동체적 자아를 의미한다. 따라서 타자 없이 존재할 수 없는 상호주관적 존재이기에 당연히 상호문화성을 공유하게 된다. 상호문화성의 실제적이고 행동적인 발화의 표면에는 주체와 타자 간의 이해, 공감, 소통, 협력, 연대가 등장한다.

인식하고 인정하는 정신적이고 정서적인 태도를 말한다. 이러한 타자에 대한 이해는 각각의 인식 주체가 타자에 대해 갖고 있는 선입관에 의해 각인될 뿐만 아니라, 또한 자기 자신의 이해와 연관해 갖고 있는 선입관에 의해서도 영향을 받는다(김완균, 2005). 예를 들어, 베트남 문화를 이해하지 않고서는 베트남 결혼이주여성이 모국에 재정적인 도움을 주는 것에 대해 한국 남성들은 이해하지 못한다. 베트남 문화에서는 여성이 결혼하여 출가하더라도 친정에 재정적인 도움을 주는 문화가 보편적이기 때문이다. 그러한 문화적 배경을 이해하지 못하고서는 서로 다른 문화 간의 소통에서 상호 간의 이해란 거의 불가능할 것이다.

상호문화적 이해는 감정이입(empathy)이나 치환(transposition)이 아닌, 실제 의사소통을 통해 이루어진다. 감정이입이나 치환은 타자에 관한 그 자신의 이전 믿음, 환상, 편견을 상상적으로 투사할 위험이 있기 때문이다. 소수자도 스스로 행복할 수 있다고 생각하지만 내 판단으로는 불행하다고 느끼듯이, 아무리 호의로 이루어졌다 하더라도 타자에 대한 편견은 항상 가능하다. 따라서 의사소통 참여자들은 선입견을 갖고 타자를 예단하지 말고 서로의 관점으로부터 배워야 할 것이다. 공동체 구성원들은 실제 의사소통에서 서로 능동적으로 참여하고, 타자의 말을 듣고 소통하는 과정을 통해 최소한 부분적으로 공감에 도달할 수 있다(현남숙·김영진, 2015).

하지만 대화 참여자들이 타자와의 소통과정에서 상호 간에 이해하지 못하고 갈등이 발생하는 이유는 무엇일까? 타자를 이해하는 것이 어려운 이유를 김영진(2016)은 다음 세 가지로 구분했다. 첫째, 우리는 의식적으로든 무의식적으로든 또는 표층적으로든 심층적으로든 이미 어떤 특정한 문화적 가정과 편견을 가지고 타자를 바라보기 때문이다. 둘째, 인간의 자기보존적 본능 또는 자기중심적 성향은 타인에 대한 관심을 방해하기 때문이다. 셋째, 진정한 타자이해는 그 심층적인 차원에서 타자의 내적 배경과 외적 배경 모두를 알아야 가능해지기 때문이다. 여기서 배경은 대화자의 배경 믿음과 심리적 역사뿐만 아니라 그 대화자가 속해 있는 자연적·사회적·문화적 환경을 포함한다.

이처럼 타자를 이해하는 데 있어 각각의 인간과 집단이 전통적으로 가지고 있는 문화의 속성은 표층적으로 이루어지는 언어적인 소통과 더불어 중요한 것이다(김완균, 2005). 김영진은 타자에 대한 이해를 가능하도록 하는 요인을 '자기이입의 실행'과 '상호주관성의 추구'라는 두 가지로 설명하고 있다. 첫째, 자기이입은 자아가 타자가 되어보는 체험을 나타낸다. 물론 어떤 한 자아가 문자 그대로 다른 타자가 될 수는 없다. 하지만 그것은 특수한 형태의 자기이입을 통해, 즉 한 자아가 어떤 타자가 되어보는 모방이나 상상이나 가정을 통해 이루어질 수 있다. 이것이 바로 타자이해를 위한 자기이입이다. 둘째, 상호주관성(intersubjectivity)을 추구하는 것이다. 상호주관은 자아와 타자의 존재를 동격으로 놓고 그들 사이의 관계에서 존립하는 공통적 주관에 초점을 맞춘다. 따라서 '나의 마음'이 아니라 '우리의 마음', '나의 세계'가 아니라 '우리의 세계'를 추구한다.*

---

* 김영진(2016)은 상호주관과 관련하여 두 가지 주목해야 할 점이 있다고 말한다. 첫째, "상호주관에는 '자아와 타자 사이의 환원 불가능성 또는 동일화 불가능성'이 존재한다." 즉 자아는 타자로 환원되거나 동일화될 수 없고, 타자는 자아로 환원되거나 동일화될 수 없다. 둘째, 상호주관에는 "'자아와 타자 사이의 공통성'이 존재한다"라는 가정이 있다. 비록 자아와 타자 간에는 동일성이나 환원 가능성의 관계가 존재하지 않지만, 그 둘이 공유할 수 있는 유사한 점이 있다는 것이다. 이렇게 타자에 대한 이해는 상호주관성을 통해, 개별 주체 사이의 공동마음(common mind)을 통해 가능하다는 것이다.

(2) 공감의 영역

상호문화성은 반드시 문화와 문화 간의 접촉을 통한 상호 간의 공감을 전제로 한다(박인철, 2010). 후설의 상호문화성에 대한 논의는 궁극적으로 '타자경험' 이론에 근거를 두고 있다. 후설의 타자경험 이론은 '감정이입'이라는 방법에 의해 대부분 해명되고 있다. 후설의 '감정이입'은 나 자신을 상상을 통해 타인의 위치로 옮김으로써 타인의 내적인 삶을 나와의 유사성에 근거해 유비적으로 경험하는 것이다. 후설의 감정이입 이론은 매우 방대한 체계를 구성하고 있기는 하지만, 간단하게 표현하면 감정이입의 핵심이 절대적 중심으로서의 '여기(Hier)'의 위치에 있는 나를 '저기(Dort)'의 위치에 있는 타자로, 즉 '만약 내가 저기에 있다면'이라고 가정하는 것이다. 따라서 후설의 감정이입은 '역지사지(易地思之)'의 정신, 즉 다른 사람의 처지에서 생각하거나 경험해보고 이해하는 것이라고 볼 수 있다.

후설은 나와 타자 간의 근원적인 접촉을 가능하게 하는 것이 바로 감정이입이라고 본다. 그러므로 감정이입을 다른 인간에게 미치는 나의 작용으로 규정한다(박인철, 2010). '감정이입'이라는 말의 본래 의미는 타자의 감정적 상태에 대한 공감이다. 감정이입은 타자의 내부로 들어가 그의 기억을 떠올리는 것과 같은 것이며, 이에 맞추어 하나의 공감이 이루어진다. 여기서 감정이입의 핵심은 타자의 내부로 깊숙이 들어감으로써 타자와 하나가 되는 데 있다. 더불어 "느낌 속에서 나는 자아로서 타자와 그의 느낌에 빠져있다"라는 후설의 말은 이를 잘 반영하고 있다.

이러한 공감으로서의 감정이입을 통해 타자와 합일하고자 하는 것은 일종의 정서적 노력으로 이해해야 한다. 따라서 타자와의 합일은 이루어진 상태라기보다는 이루어져야 할 하나의 실천적 이념이자 당위다. 감정이입은 이를 향한 인간의 노력을 뜻하는 것으로, 이해도 안 되고 받아들이기도 거북한 타자의 타자성에도 불구하고 타자를 나와 같은 존재로 이해하고 전적으로 받아들이겠다는 일종의 실천적 의지의 표현이다(박인철, 2010).

(3) 소통의 영역

상호문화성에서 중요한 요소 중의 하나는 소통이다. 인간의 의사소통 행위란 어떤 주어진 상황에서 언어적이든 비언어적이든 그것을 매개체로 상호 간 대화 참여자들이 어떤 특정한 목적을 추구하는 역동적인 과정이기 때문이다(오상이, 2009).

하버마스는 자문화중심주의를 넘어서기 위해 상호문화적으로 매개된 공동체 구성에 관심을 가진다. 특히, 의식과 의식의 동일성이라는 추상적이고 낭만적인 전략을 넘어 언어가 갖는 상호문화성을 강조하면서 언어적으로 매개된 상호문화 공동체 구성을 강조한다(김영필, 2013 재인용). 그는 생활세계에서 사회통합의 필수적인 조건은 바로 '왜곡되지 않은 이상적인 의사소통'이고, 왜곡되지 않은 이상적인 의사소통은 합리성을 전제로 한다고 주장한다. 왜냐하면 이상적인 의사소통은 이에 참여하는 행위자의 진정한 의도가 그대로 행위의 결과로 관철되는 것을 상정하기 때문이다. 따라서 왜곡되지 않은 이상적인 의사소통은 생활세계 참여자들의 합의에 의해 완성될 수 있다. 언어를 통한 의사소통 행위는 다수자와 소수자의 연대와 화해를 정당화시켜주는 보편적 기반이며, 언어는 의식이나 주체의 단순한 표현수단이 아니라 언어가 주체의 생활세계를 결정하는 보편적 기반이다(김영필, 2013).

한국에 거주하는 외국인 근로자들은 자국의 문화와는 완전히 다른 한국 사회에서 여전히 많은 어려움을 겪고 있다. 특히, 의사소통의 어려움은 매우 중요한 문제로 떠오르고 있다. 한국어 사용이 원활하지 못한 근로자들은 작업 수행 시 의사소통 문제로 경영자의 지시를 잘못 이해하는 경우가 많으며, 이에 수반하여 생산성이 떨어지거나 심한 경우 사고의 위험에까지 노출되고 있다. 이러한 의사소통 문제는 작업 수행뿐만 아니라 일상적인 생활세계에서도 심각한 어려움을 초래하며, 생존 및 중요한 정보 습득, 이문화 간의 이해 등에서 장애가 되고 있다.

이와 관련하여 설동훈(2003) 역시 외국인 근로자들의 일상생활에서 겪는 어려움 중에 가장 큰 것이 언어적인 소통 문제이며, 자원 활동가들이 전문화해야 할 영역의 최우선 순위 역시 한국어 교육의 전문성이라고 주장했다. 외국인 근로자에 대한 한국어 교육의 문제는 외국인 근로자가 한국 사회에서 삶을 유지하고 그 질을 향상시키는 측면과 아울러, 한국문화에 대한 적응과 근로 생산성의 향상과도 밀접하게 관련되어 있다는 것을 알 수 있다.

조선경(2005)은 외국인 근로자들의 한국어 의사소통이 제대로 이루어지지 않으면 한국 기업의 근로 생산성 저하를 초래할 것이라며 강력하게 지적하고 있다. 대부분의 외국인 근로자들은 이직이 빈번한데, 직접적인 원인으로는 임금이나 직장 내 폭력 등을 들고 있으나, 사업주나 한국인 동료, 외국인 동료들과의 의사소통 문제와 밀접하게 관련되어 있다고 본다. 또한 외국인 근로자들의 한국어 능력이 한국문화에 대한 적응력에 직접적인 관련이 있다고 보면서 재중동포와 달리 동남·서남아시아인의 대인관계가 원만하지 못한 이유는 의사소통 문제이고, 이에 따라 행동반경이 좁아질 수밖에 없어 한국 생활에 잘 적응하지 못하게 된다는 의견을 제시하고 있다.

(4) 협력의 영역

한국에 거주하는 외국인 근로자는 주로 근로 환경이 열악한 중소기업에서 근무하기 때문에 저임금과 장시간 근로에 시달리는 경우가 많을 뿐만 아니라 조직 내에서도 구성원 간의 소통이 원활하게 이루어지지 않아서 이중고를 겪고 있는 실정이다(이주연 외, 2011). 이는 조직의 구성원 간 대인관계에서 걸림돌이 될 수 있고, 또한 경영자 입장에서도 생산성의 저해를 가져올 수 있다.

오늘날 글로벌 경쟁력 확보와 생존의 필수요소로서 조직 내 다양한 이해관계자 간의 협력이 무엇보다 중요하다. 어느 한 조직에서 각각의 구성원들이 협력을 통해 조직의 성과를 향상시키는 것은 구성원 모두에게 매우 중요하다. 왜냐하면 현장에서 근무하는 구성원은 조직몰입과 직무만족을 통해 삶의 질을 향상시키는 계기가 될 수 있고, 경영자 입장에서는 조직의 성과를 통해 조직의 이윤을 극대화할 수 있는 계기가 되기 때문이다.

이대응(2006)은 하나의 인격체로서 존중하고, 개인과 조직의 상호 신뢰에 기초를 두고 구성원 간 상호 협력하며, 가족적인 분위기를 조성하여 인간관계에 초점을 두는 조직문화를 형성할 때 상호 협력적이고 갈등 발생 시 민주적으로 해결되며, 구성원 관계의 안정감이 증대된다고 했다. 또한 구성원들이 인격체로 존중되고 상호 간에 신뢰하여 일체감이 조성되어 구성원 간 안정성이 높은 조직일수록 조직구성원들이 기업의 구성원임을 자랑스럽게 생각하고 조직의 문제를 나의 문제로 인식하여 자신의 이익보다 조직의 목표를 위해 조직에 헌신하는 조직몰입도와 조직구성원의 직무만족도가 높게 나타난다고 했다. 다시 말하면, 조직문화가 의사소통을 쉽게 함으로써 조직의 의사결정과 통제를 촉진시키며 구성원 간의 협력을 증대시킬 수 있어 시간과 비용을 절약해주는 효율적인 결과를 가져온다는 것이다(최석봉·김규덕, 2012).

(5) 연대의 영역

호네트는 "인간이 자신의 삶을 성공적으로 실현할 수 있는 규범적·사회적 조건"(Honneth, 문성훈·이현재 역, 2011)을 밝혔는데, 그러한 삶을 실현할 수 있는 조건이 바로 '인정투쟁'이다. 인정투쟁 이론은 '상호주관성 이론적 개인 개념'을 바탕으로, 그 개인이 자기관계를 형성하기 위해서는 사랑, 권리 부여, 연대라는 세 가지 인정행위가 필요하다는 것이다. 여기서 말하는 '인정'이라는 사회적 행위는 개인의 심리와 자아 형성에 영향을 미치고, 그것이 사회적으로 어떠한 관계가 형성되는지를 좌우한다. 특히, 그의 인정이론 체계에서 가장 상위의 인정형식은 '연대'다. 이는 한 개인을 주체로 완성시키는 가장 중요한 사회적 행위이기 때문이다.

이현재(2015)는 연대를 "서로 의지하고 있는 사람들, 오직 함께함으로써만 공동의 목표에 도달할 수 있는 많은 사람의 상호적 결합"과 "열정 같은 압도적인 감정의 자유 속에서 기분이나 느낌을 주고받으면서 억압받는 자 및 착취된 자와 함께 독립적이고 지속적인 이해공동체를 형성하도록 꾀하는 것"이라는 두 가지 정의를 바탕으로 두 가지 특징을 제시한다. 첫째, 특정한 이해와 목표를 공유하는 결합이라는 점, 둘째, 감정이나 정서를 포함하는 결속이라는 점이다(이현재, 2015).

호네트는 인정이 충분히 달성된 상태를 '인륜성'이라 한다. 그는 "실재하는 고통으로부터 해방"(호네트, 이행남 역, 2017)되는 것을 인륜성이라는 상태의 특징으로 규정하면서 인륜성이 곧 "모든 사회 구성원에게 동등한 자유 실현의 조건들을 보장"해줄 것이라고 한다. 다시 말하면, 인륜성의 영역으로 진입하기 위한 핵심적인 요건은 '해방'이며, 해방은 '고통'으로부터 벗어나는 것으로 이러한 고통의 원인은 '비규정성', 즉 채워져 있지 않음에 있다는 것이다. 비규정성이란 '인정 유보'의 상태를 의미하는데, 개인, 시민사회, 국가의 단계에서 각각 필요한 인정 형태가 갖추어지지 못한 상태를 의미한다. 다시 말하면, 사랑, 권리, 연대가 '인정 유보'의 상태로부터 개인을 해방시킬 수 있다는 것이며, 그렇게 해방된 상태를 호네트는 인륜성으로 개념화하고 있다. 또한 호네트는 인륜성의 체계를 제시했는데, 다음 〈표 2-4〉와 같다.

〈표 2-4〉 인륜성의 체계

인정 방식 〴 인정 대상	개인 (구체적 욕구)	인격체 (형식적 자율성)	주체 (개인적 특수성)
직관(정서적)	가족 (사랑)		
개념(인지적)		시민사회 (권리)	
지적 직관			국가 (연대)

출처: 호네트, 문성훈 · 이현재 역(2011)

먼저 호네트는 '연대'라는 인정 방식이 그 이전의 두 가지 인정 방식, 즉 '사랑'과 '권리'의 종합명제라는 점을 지적한다. 사랑은 개별적이고 구체적인 욕구를 정서적 결합을 통해 인정하는 방식이고, 권리는 보편적이고 형식적인 자격을 인지적 관점을 통해 인정하는 방식이다. 이렇게 살펴볼 때, 연대는 사랑과는 '정서적 결합'이라는 측면을, 권리와는 '보편적 평등 대우'라는 인지적 관점을 공유한다. 또한 연대는 사랑과는 인정 대상으로서의 '내용'을 공유하며, 권리와는 인정 대상으로서의 '형식'을 공유한다. 그렇기 때문에 연대는 "인지적이면서도 정서적인, 형식적이면서도 내용적인"(이현재, 2015) 인정 방식이 되는 것이다. 이러한 관계에서 호네트는 "사랑이 권리라는 인지적 측면을 통해 공동체 구성원 사이의 보편적 연대로 정화될 때"(호네트, 문성훈·이현재 역, 2011) 인륜성이 등장할 수 있다고 했다. 다시 말하면, 사회적 인정관계가 충분히 실현되어 사랑, 권리 부여, 사회적 연대라는 인정이 이루어진 상태가 바로 인륜성이라는 것이다.

홍윤기(2010)는 이와 관련하여 연대를 모든 사람이 개인화되어 타자화되는 사회관계 속에서도 도덕성을 통해 그 차이들을 결속해 해방의 힘을 창출하여 정의의 상태를 조성하는 행위양식과 같다고 정의했다. 이런 관점에서 그는 연대가 현대사회에서 인간의 기초생존과 자기실존을 적극적으로 실현하는 데 커다란 역할을 해왔는데, 무엇보다 그것이 추구하는 목표의 도덕적 정당성 때문에 개인 단위로 설정된 생활인의 차이를 하나로 결집하는 데 큰 역할을 했다. 더 나아가 이런 결속행위를 통해 인간화를 위한 다양한 사회적 효과를 조성함으로써 복지국가 구축과 정의 실현에 기여해온 것으로 평가했다.

연대는 상호주관적으로 공유된 가치를 바탕으로, 어떤 주체나 집단의 특수성에 대해 인지적·정서적으로 부여하는 가치평가라고 볼 수 있다(이현재, 2015). 다시 말하면, 연대는 동등한 가치를 갖는 주체들이 자신의 정체성을 형성하는 것을 말하는데, 이는 바로 공동체의 정체성을 재생산하는 데 기여하는 것이므로 주체들은 타인의 개인적 특수성을 인정할 수 있게 된다는 것이다(호네트, 문성훈·이현재 역, 2011).

박문범·김회용(2020)은 호네트의 인정이론에서 연대 개념을 도출하면서 호네트의 연대 개념을 정의하기 위한 중요한 요소로 다음 세 가지를 제시했다. 첫째, 연대의 전제조건은 '상호 가치 부여'다. 보편적 평등 관계에 있는 모든 주체가 권리를 부여받을 수 있는 주체가 된다는 것, 그리고 이들이 상호주관적 인정을 통해 '가치공동체'를 형성한다는 것이 그 사실을 뒷받침한다. 둘째, 연대의 대상은 차이와 특수성이다. 호네트의 연대는 '나와 다른' 상태 그대로의 다른 '주격 나(I)'와의 결속이다. 다시 말하면, 타인이 나와 다르기에 그들과 연대할 수 있는 것이며, 이미 나와 동질적인 타인과는 연대라는 사회적 행위의 필요성이 없다고 보았다. 셋째, 연대의 방식은 인지적인 것과 정서적인 것이 결합해 있다. 정서적 결합으로서의 사랑, 인지적 결합으로서의 권리 부여를 포괄하는 방식의 결합이 바로 연대다. 연대라는 인정단계에서 발현되는 것은 '주체'의 '개인적 특수성'인데, 이것은 정서적 결합과 인지적 결합이 모두 작용해야 인정될 수 있는 속성이라는 것이다. 누구나 동등한 권리를 지니는 인격체라는 인식(인지적 결합) 위에 그가 영위하는 삶에 대한 존중(정서적 직관)이 합해져야 하기 때문이다.

3_장

다문화 환경의 기업과 다양성 경영

이 장에서는 외국인 근로자와 함께 근무하는 중소기업 경영자들의 다문화에 관한 인식, 의사소통과 조직문화, 외국인 근로자 정책에 관한 지식, 다양성 경영 실태와 개선 방안을 기술할 것이다.

1.
다문화 인식 영역

1) 조직문화와 생산이 우선

연구참여자 A-01은 외국인 근로자들이 국내의 조직문화를 잘 모르고 있기 때문에 일을 마무리하지 않고 제시간에 퇴근만 하려고 한다며 하소연했다. 이것은 외국인 근로자의 관점이 아닌 경영자 자신의 관점에서 이들 문화에 대해 전혀 모르고 있다는 것을 증명한다. 또한 연구참여자 A-02 역시 외국인 근로자들에 대한 인식이나 복지 문제보다는 생산이 우선이라고 인식하고 있었다.

"외국인 근로자들은 어떤 문화, 조직문화, 사회문화를 잘 모르고 있어요. 단지 조금 다른 부분은 한국 사람들은 업무가 끝나지 않으면 그업무를 지속적으로 하는 데 비해, 우리 외국인 근로자들은 6시가 되면, 아니 5시 40분부터 갈 준비해요. 업무가 밀림에도 불구하고 7시까지 있는 경우는 거의 없습니다. 한국의 조직문화와는 약간 다른 거 같아요. 이것은 시간이 지났으니까 내일 해야 될 업무라고 구분 짓는 것은 조금 틀린 거 같아요. 그래서 의사소통에는 별문제가 없는데, 문화 개념에 대해서는 우리가 알고 있던 상식을 약간 우리 한국 국민이 생각하는 범위와는 약간 벗어나고 무책임한 부분이라고 할까요. 그것이 이들의 문화인 것 같아요. 이런 문제에 대해서는 외국인 근로자들과 소통이 좀 안 된다고 생각해요."(연구참여자 A-01)

"현재 저희 회사에서는 아직은 다문화 인식, 다 좋은 이야기입니다. 그러나 우리 중소기업에서는 제품 생산이 우선입니다. 생산이 급하다 보니 한국 근로자는 구하기 어려워서 외국인 근로자를 채용할 수밖에 없는 실정입니다. 그러다 보니 외국인에 대한 문화 뭐 그런 것 생각할 여유가 없어요. 우선 생산에 집중하다 보니 생산직 외국인 근로자들이 생산에 차질 없이 하기만을 바랍니다. 우리나라 근로자에게도 영세한 중소기업에서 복지 문제를 제대로 못 해주고 있는데, 외국인 근로자에게는 더 어려움이 많죠."(연구참여자 A-02)

이와 같이 중소기업 경영자들은 외국인 근로자들을 일종의 한국인 근로자를 대체하는 '제품을 만드는 기계'라고 인식할 뿐 이들 문화를 제대로 알고자 하는 의도가 전혀 없었다. 강대석 · 김정은(2017)의 연구에서도 비인격적 감독은 직무에 투입해야 할 자원을 고갈시켜 시민 행동에 관여하기조차 어렵게 하듯이 외국인 근로자들의 적응에도 막대한 지장을 초래한다고 주장했다.

2) 음식문화에 대한 이해

　연구참여자 A-01은 외국인 근로자들이 음식을 먹을 때, 일과 후 회식에서는 약간의 유동성을 보여주는 모습을 보였지만, 일과 중에는 은연중에 한식을 강요하는 듯한 인상을 주었다. 왜냐하면 일과 중 외국인 근로자에게 한식 외에는 음식을 제공하지 않았기 때문이다. 또한 연구참여자 A-01은 외국인 근로자들이 먹는 음식에 대해 별로 관심이 없는 것처럼 느껴졌다.

　"우리가 외국인 근로자의 문화를 잘 모르지만, 거부를 했을 경우에 강요는 안 합니다. '우리 식으로 따라와라' 강요하던지, 상대가 그쪽에는… 그쪽 문화가 어떻다 하면은 강요는 안 합니다. 그래서 회식을 해도 돼지고기를 안 먹으면 돼지고기를 안 주는 것이고, 소고기를 안 먹으면 '네가 먹고 싶은 것을 먹어라' 하고, 만약 안 먹는다고 하면 무조건 강요는 안 합니다. 그러나 근무시간 내 식사는 한식으로 우리가 먹는 음식으로 하고 있습니다. 이것은 외국인 근로자가 감수해야 한다고 생각합니다."(연구참여자 A-01)

　"아침은 어차피 외국인 근로자들이 아침에 해 먹을 식당이 없으니까, 본인이 간단히 차려 먹고 점심, 저녁을 지원을 해주고. 한국 음식 잘 먹어요. 한국 식당 있으니까요. 거기서 회사에서 제공을 하니까 먹고 싶은 사람은 먹지만, 휴일 같은 경우는 자기 음식 해 먹고 요즘은 외국인 푸드점이 많으니까 사 가지고. 식사는 회사 식당에서 한국 근로자와 함께합니다. 점심과 저녁, 한국 음식 잘 먹더라고요. 나머지는 기숙사에서 자기네들이 해결해요. 그리고 외국인 근로자들이 적응하고 오는지. 생존에 필수니까, 스스로 하는 거죠 뭐."(연구참여자 A-05)

"구내식당을 다 운영합니다. 물론 한국 근로자 위주로 하고 있습니다. 외국인 근로자도 잘 먹습니다. 주방은 있습니다. 숙소 내에 주방은 공동 주방이 있습니다. 물론 거기에는 필요한 거 다 갖춰져 있고요. 그런데 거기서 해 먹는 것은 뭐 보통 컵라면 정도 해 먹고, 바로 거기서 한 1~2분 정도 거리에 식당이 있기 때문에 하루 세끼를 다 식당에서 해결합니다. 그것은 식당 아주머니의 어떤 뭐라고 할까? 유도리가 있어요. 아주머니가 외국인 근로자들에게 참 잘하세요. 필요할 때, 또 특별히 싫어하는 음식이 나올 때는 따로. 외국인 근로자들만 따로 해서 주시고요. 그것은 저희 회사 차원에서 관리하는 것이 아니고, 식당 내에서 그냥…"(연구참여자 A-07)

연구참여자 A-05는 외국인 근로자들이 먹는 것은 생존을 위한 필수품이라고 생각하고 있기 때문에 한국 음식도 외국인 근로자들이 잘 먹는다고 했다. 연구참여자 A-07은 외국인 근로자의 음식문화에 관해 회사 차원에서 관리하는 것이 아니라 식당에서 알아서 한다고 관심 없이 말했다.

이렇게 경영자들은 외국인 근로자들의 종교와 상관없이 이들이 먹는 음식에 전혀 관심이 없었다. 이것은 외국인 근로자의 문화를 전혀 고려하지 않고 한국에 돈을 벌러 왔으면 한국의 조직문화에 적응하면서 '회사의 지시대로 움직여야 한다'는 것을 여실히 보여주고 있다. 또한 경영자들은 외국인 근로자들을 단순히 회사의 물품을 만들어내는 하나의 '기계' 또는 '소모품'으로 생각하고 있는 듯한 느낌이 들었다.

이런 관점에서 볼 때, 경영자에게 문화적 다양성의 이해 및 인식 교육이 필요하다는 것을 증명하고 있다.

3) 다문화 교육은 스스로 알아서

연구참여자 A-03은 외국인 근로자들이 센터에서 실시하는 다문화 교육이라든지 활동에 대해 회사 여건상 지원할 수 없고, 스스로 찾아서 교육을 받아야 한다고 말한다.

"사실은 외국인 근로자들의 다문화 교육 관련 지원센터에서 실시하는 교육 등에 대해서는 스스로 알아서 해야지. 그런 것까지 회사에서 일손이 부족한데 다문화는 얼어 죽을…. 자기 개인 시간에 이용하던지 그런 것은 회사에서 뭐 지원해주고 말고 할 형편이나 사항이 아니라고 생각합니다."(연구참여자 A-03)

"아! 회사에서 그런 것까지 지원해줘야 하나요? 다문화지원센터는 외국인 근로자 본인들이 필요할 때 알아서 이용하든지 말든지 하는 거지 뭐 회사에서까지 지원하고 말고가 있나요. 그런 것은 본인들이 알아서 해야지 뭐 어떻게 해요."(연구참여자 A-05)

"그런 것도 있나요? 허허, 한국인 근로자를 구하지 못해서 꿩 대신 닭이라고 말도 잘 안 통하고 여러 가지 문제가 한둘이 아닌데, 그런

애들 데리고 일하는 것도 머리 아픈데 진짜 어려워요."(연구참여자 A-06)

연구참여자 A-05는 다문화 교육 관련 지원에 관해 연구참여자 A-03과 비슷하게 생각하고 있었다. 연구참여자 A-06은 그런 교육이 있는지도 전혀 모르고 있었다. 이와 같이 경영자들은 외국인 근로자들의 회사 업무 이외에는 그들의 문화나 활동지원과 관련하여 무관심했다.

신동일 외(2013)의 연구에서도 국내 산업현장에서 외국인 근로자들이 자신의 모국어를 사용하거나 모국어에 기반을 둔 사회적 지원을 받으며 인간으로서의 기본적인 권리를 지킬 수 있는 경로가 전혀 없다고 지적했다. 따라서 외국인 근로자의 사회적 네트워크 참여 등이 이들의 인권 문제나 사회 적응에 큰 영향을 미치기 때문에 이들이 모국 문화 행사에 적극적으로 참여할 수 있도록 권장해야 한다고 주장했다.

4) 외국인 근로자의 다문화 행사 참여

연구참여자 A-03은 다문화 행사가 외국인 근로자를 위한 행사가 아니라 다문화가족을 위한 행사라고 여기고 있었다. 또한 회사 차원에서도 전혀 지원하고 있지 않다고 말하고 있다.

"앞에서도 이야기했습니다만, 다문화 관련 활동 다문화 행사가 있다는 것은 여러 가지 매체를 통해 접하고 하지만, 돈을 벌러 온 외국인 근로자가 아닌 다문화 가족들이 모여서 하는 행사가 아닌가요? 그런 행사에 지원하는 것은 없어요. 그들이 알아서 참가하는지는 몰라요. 또 알아도 모르는 척해야죠. 하하."(연구참여자 A-03)

"외국인 근로자에게 그런 행사에도 지원해야 하나요? 일만 잘하면 되지 그런 행사는 외국인 근로자들이 알아서 판단할 일인 것 같은데요."(연구참여자 A-05)

"행사요? 아~ 외국인들끼리 하는 것 말이죠? 우리 외국인 근로자들은 그런 행사 안 갔으면 좋겠어요. 그런 행사에 가서 별 이야기들 듣고 와서 비교하고 하면서 다른 회사로 가려고 하고, 요구사항만 많아지고 그러다가 불법체류자가 되고 그래요. 그런데 지원 뭐 하겠어요? 어렵습니다."(연구참여자 A-06)

연구참여자 A-05는 외국인 근로자들이 하는 업무 이외에는 전혀 관심이 없었고, 연구참여자 A-06은 외국인 근로자들이 다문화 행사에 참여하고 난 후에 서로 자신들이 다니는 회사를 비교하면서 요구사항만 많아진다며 일부러 다문화 행사 참여에 지원하지 않는다고 했다. 그러나 중소기업 경영자들의 의견과는 반대로 정선영 외(2013)의 연구 결과에서는 사회적 관계망, 일상적 어려움과 사회적 지지가 외국인 근로자의 정신건강에 영향을 미치는 것으로 나타났다. 따라서 외국인 근로자를 도울 수 있는 법적 서비스 전달체계의 확대, 내국인에게 다문화에 대한 인식개선 및 인권 민감성을 가질 수 있는 인권 프로그램의 필요성, 인권침해를 예방하고 옹호해줄 수 있는 법적 장치와 전담기관 설치를 제안했다.

5) 다문화에 대한 인식 변화

연구참여자 A-05는 다문화에 대한 인식이 변화하는 데 시간이 해결해준다고 대답했다. 시간이 지나면 외국인 근로자들이 한국 사회 또는 직장 내에 동화된다고까지 주장했다. 또한 다문화 인식 변화에 대한 교육에서 비용 문제까지 거론했다. 하지만 연구참여자 A-03은 회사 차원에서 다문화에 대한 인식 교육을 해야 한다며 연구참여자 A-05와는 상반된 견해를 표출했다.

"다문화에 대한 인식 변화를 위한 교육에 관하여, 글쎄요. 제 경험으로 봤을 때… 물론 그런 것도 필요하기는 한데, 시간이 해결해주는 문제 같습니다. 동화라는 게 있잖아요. 시간이 가면 동화가 됩니다. 근데 단순하게 급해가지고 막 한국 교육… 어떤 뭐 이런 다문화 교육… 이런 걸 회사가 시킨다는 건 어려운 것 같고, 거기에 대한 어떤 교육을 시키기 위한 시간과 관리자의 모든 비용, 다 누가 낼 것입니까? 내가 시장경제, 내가 가격을 정하는 것이 아니라 받아오는 가격에는 그것이 포함되어 있지 않습니다. 그걸 할 수 없는 이야기고. 단, 외국인이 한국 사회에 적응해서 그런저런 일을 겪을 수 있는 것은 시간이 필요한 것 같습니다."(연구참여자 A-05)

"외국인 근로자도 한국인과 같은 근로자입니다. 때문에 반성회의 시간이나 안전교육을 할 때, 항상 다 같은 동료라는 인식을 가져야 된다고 설명하고 있습니다. 다문화에 대한 인식은 경영자뿐만 아니라, 근무자들도 인식을 가져야만 다 같이 어울려서 근로를 할 수 있습니

다. 회사에서 적극적인 교육과 변화를 먼저 실천해야 합니다."(연구참여
자 A-03)

이와 같이 경영자들끼리도 외국인 근로자에 대한 인식에서 상반된
표현을 하는 것은 외국인 근로자와의 접촉 경험에 따라 이들에 대한 인식
이 다르다는 것을 나타낸다.

2.
의사소통과 조직문화 영역

1) 의사소통 문제

경영자들은 외국인 근로자들이 생산 업무에 관해 간단한 언어로 회사 동료와 의사소통하는 데는 문제가 크게 나타나지 않지만, 조직문화의 차이로 인한 언어와 감정을 표현하는 언어 등에는 어려움이 있다고 호소했다. 연구참여자 A-01은 한국말을 할 줄 아는 조선족 출신 외국인 근로자보다 동남아 출신 외국인 근로자들이 훨씬 더 의사소통하는 데 문제가 있지만, 시간이 지나면 어느 정도 의사소통이 가능하므로 괜찮다고 했다. 그렇게 말하면서도 처음부터 숙련공의 필요성을 역설했다.

> "손 발짓을 사용하지 말라고 말합니다. 그렇게 할 경우, 여러 번 반복을 해야 된단 말이에요. 한국은… 언어를 아는 사람 같은 경우, 예를 들어 조선족 같은 경우는 한 번 두 번에 끝날 일인데, 동남아에서 온 외국인 근로자 같은 경우는 그것을 수십 번 반복을 해서 보여주고

반복하고, 또 반복하고. 그렇다면 사실 좀 짜증이 납니다. 그러나 시간이 지나면 해결되겠지만, 그러니까 숙련공이 필요하다는 것입니다. 결론은."(연구참여자 A-01)

"처음에… 처음에는 손짓, 발짓하면 말을 잘못 알아들으니까 문제가 있을 수 있는데, 그거는 어차피 외국인을 고용하는 저희가 감내해야 하는 조건 중에 하나니까요. 언어의 장벽이 있다 보니까 처음 2개월, 3개월은 좀 차이가 있죠. 제가 봐서는… 그거는 뭐 일을 못 해서가 아니라 처음에 언어 장벽이 있어서 그런 것인데. … 그런데 3개월 정도 지나면 그렇게 차이가 안 나는 것 같아요, 한국 사람하고. 그리고 외국인 근로자들은 어차피 돈을 벌 목적으로 한국에 왔으니까 시간 외 잔업 뭐 이런 것을 성실히 임하는 편이고요. 그다음에 지각, 조퇴, 결근이나 뭐 이런 것이 없으니까. … 근태성이 더 좋은 것 같아요. 제가 봤을 때 한국 사람들보다. 언어 때문에 상대방 얘기를 오해를 해가지고 그런 문제가 있는데. … 저는 원칙적으로 회사 내에서 욕설이나 아니면 폭력이 일어나면 무조건 한국 사람들한테 패널티를 줘요. 저는… '너가 거꾸로 사우디아라비아 가서 일하면 사우디아라비아 말을 알아듣냐?' 언어가 안 되는 것은 좀 천천히 교육을 시켜가면서 해야 되는 것인데 욕을 하는 것은. 저는 못 하게 하고 있죠. 외국인들이 기본적으로 한국말 조금씩 해요."(연구참여자 A-02)

연구참여자 A-02는 외국인 근로자들이 처음에는 한국의 조직문화에 서툴러서 잘 적응할 수 없으므로 한국인 근로자와의 갈등 시 모든 문제가 한국인 근로자들이 잘못 이해했기 때문에 발생하는 것이라고 말하면서, 외국인 근로자와의 문제가 있을 때 한국인 근로자들에게 불이익을 준다고 경고까지 했다. 이런 말을 하는 것은 한국인이 외국에 나가서 같은 상황에 놓일 경우, 역지사지의 심정으로 남의 입장에서 생각해보라는 자신의 경험에서 우러나오는 것이었다. 연구참여자 A-02는 오랫동안 외국에서 일한 경험이 있었다.

연구참여자 A-07은 근로 강도에 있어서 한국인 근로자들이 장시간 하는 일을 기피하는 반면, 이를 대신하여 외국인 근로자들이 장시간 근무가 가능해서 좋다고는 하면서도 의사소통 문제로 어려움이 있다고 토로했다.

"한국인 근로자들은 아무래도 장시간 근무하는 거를 기피하는 추세고, 또 외국인들은 그런 측면에서 상당히 좋은데, 뭐 시간 가지고, 많은 시간을 일하려고, 돈에 욕심들이 많다 보니까 많은 시간 동안 일을 할, 일을 시킬 수 있어서 좋고. 그 대신 뭐 아무래도 제일 심각한 것은 언어소통이 덜 되다 보니까 그쪽에서 조금 어려움이 있을 수 있고 그렇죠."(연구참여자 A-07)

"기본적인 용어들, 예를 들어 간단하게 시키고 이런 것들은 공장 벽에다가 써서 붙여놨거든요. 방글라데시 말로 해가지고. 그런 것을 한국 사람들이 부를 땐 그거로 부르고, 지금은 이제, 초창기에는 되게 그런 것으로, 외국인 근로자들이 기본적인 단어들을 습득을 해가지고 오더라구요. 단어 습득을 해가지고 오는데, 한국 사람들이 그 사람들을 부를 때, 뭘 시킬 때, 그런 것을 단어들로, 단어장을 벽에다가 공장 벽에다가 붙여놨거든요. 지금은 글을 쓸 줄 몰라서 그렇지,

언어로 소통하는 것은 이 친구들이 오랫동안 하다 보니까. 그런데 요즘은 참 좋은 것이 번역기가 핸드폰마다 깔렸으니까 요걸 해서 들려주면 기본적으로 알고. 이 사람들이 말하는 것을 듣고 하고, 우리도 알아듣고 하니까. 요즘은 기계들이 너무 좋아서 생산 업무에는 전혀 지장이 없습니다."(연구참여자 A-04)

연구참여자 A-04는 외국인 근로자들이 차이는 있겠지만, 회사에서 사용하는 용어들을 자신들이 배우려고 노력한다면 쉽게 의사소통이 가능하다고 말하면서도 스마트폰에 내장된 번역시스템으로 인해 예전보다는 훨씬 더 외국인 근로자와의 의사소통이 쉽다고 말했다. 의사소통이란 적시에 이루어져야 회사 내에서 발생하는 문제를 해결할 수 있는데, 번역기는 일상적인 의사소통에만 도움이 된다고 덧붙였다.

경영자들은 외국인 근로자와의 의사소통 문제를 최우선 순위로 삼았는데, 이와 같은 연구 결과는 정선영 · 오영림 · 배이진(2013)의 연구와도 일맥상통하고 있다. 이 연구에서도 외국인 근로자들은 첫째, 인격모독을 경험한 경우, 둘째, 의사소통의 어려움이 있는 경우, 셋째, 신체적 · 정신적 어려움이 있는 경우 등에서 불안이 높은 것으로 나타났기 때문에 외국인 근로자들 또한 경영자들과도 마찬가지로 인격모독과 의사소통의 어려움에 가장 큰 부담감을 가지고 있었다.

2) 조직문화 적응에 대한 어려움

연구참여자 A-01은 외국인 근로자들이 기술력 문제에서는 한국인 근로자들과 비교하여 손색이 없을 정도이지만, 조직문화에 적응하는 것이 조금은 어렵다고 했다. 연구참여자 A-07은 조직문화의 차이로 인해 근로자 간 갈등도 출신국에 따라 대처 방법이 다르다면서 중재에 어려움이 있다고 말했다.

"저희는 회사에 생산 매뉴얼이 있기 때문에 교육을 하여 등급에 따라서 생산 활동을 해주거든요. 내가 먼저 그 사람의 레벨에 따라서 업무를 하는 것은 굳이 한국 사람과 외국인을 나누지 않았어요. 단, 최고의 기술력이라든지에서는 큰 차이가 없는데 조직문화에 적응해서 아마 직원들이 조금 적응을 한국 사람보다도 못 하는 것은 있어요. 그러나 기술적인 측면에서 업무 진행에 대해서는 별다른 큰 문제는 없습니다."(연구참여자 A-01)

"특별히 내국인 간, 외국인 근로자 간의 트러블은 별로 없는데, 단지 있다고 보면… 내국인 근로자가, 근로가 좀 외국인 근로자를 조직문화 차이로 인해 좀 무시하는… 그런 것이 있어서… 좀… 그런데 또 그런 것은 또 필리핀이나 우즈베키스탄이나 이런 사람들은 많이 어느 정도 이해하는 입장이 많이 있고, 그런데 이제 중국계라든가 이런 사람들은… 조금 그런 것을 불만을 좀 가지고 있는 사람들도 있고 그래서 최근에는 주로 필리핀 쪽 사람들을 많이 고용하고 있습니다."(연구참여자 A-07)

이선웅 외(2009)의 연구에서는 외국인 근로자들의 스트레스와 우울증의 상관성에 대한 연구를 실행했는데, 외국인 근로자들은 사회문화적인 스트레스 요인으로 목표언어 숙달과 문화적응의 어려움을 자주 느낀다고 진술하고 있다.

3.
외국인 근로자 정책 영역

1) 현실성 없는 외국인 근로자 정책

연구참여자 A-01은 채용된 외국인 근로자들의 비자 연장 거부로 인해 외국인 근로자들이 외국으로 나가 있는 몇 달 동안 회사에 공백이 생기는 것에 대해 불만을 제기했다.

연구참여자 A-05도 연구참여자 A-01과 유사한 생각을 가지고 있었다. 연구참여자 A-02는 외국인 근로자들이 보통 숙련공이 되려면 오랜 시간이 필요한데, 숙련된 외국인 근로자의 비자가 만료되어 떠나가면 또 다른 새로운 외국인 근로자를 채용하는 데 따른 시간과 경제적 낭비가 있다고 했다.

"주로 뭐 현장… 현장 생산직인데, 한국 사람들 안 하는 현장의 야간 일이나 허드렛일. 근데 생산직도… 장기적으로 봤을 때 하나의 이것도 숙련공이 필요하단 말입니다. 허드렛일을 하던, 뭘 하던… 조직이다 보니 손발이 맞아야 하는데, 한국 사람들이 근로의 시간이 기니까 중간에 빠지니까 이 화합이 안 됩니다. 외국인도 몇 개월 일하고 그러는데, 정부 정책도 문제가 있습니다. 그 연장… 연장… 합법적으로 문제가 없으면 연장을 해줘야 하는데, 숙련이 되어서 일을 잘하려면 비자 연장이 안 되어서 나가야 한단 말이에요. 1년, 3년이면 숙련이 되는데. … 숙련되서 일하려고 하면은 비자가 만료가 된단 말이에요. 4년 해봐야 1년인데. 근데 그게 어렵다는 거지. 예를 들어서… 그 공백이. 아니, 한 달이던 몇 달이던 그 공백을 누가 메꿉니까? 사실 아무 의미 없는 항공료만 날아가는 그 뭐야 행정이지. 세금 잘 내고 범죄 사실이 없으면 계속해서 고용하는 것이 경제적으로 맞는 것이지요."(연구참여자 A-01)

"예를 들어서 한국에 다시 들어갔다가 오는 그 기간이 몇 개월인데, 한 3개월 걸리니까 그런 애로점이 이제… 그 3개월이라고 하는 그 기간이 우리한테는… 그렇다고 해서 다른 직원을 또 쓸 수도 없고, 오는 것은 확실하니까. 3개월 동안의 공백 기간 그런 애로점이 있죠. 자리를 비워둬야 하니까. 다른 사람이 어떻게… 그러다 보니 임시적으로 아웃소싱을 써서 대체하기는 한데, 그 기간 동안… 그런 애로점이 있죠."(연구참여자 A-05)

"그게 3A-04 업종인데, 지금도 그렇지만 앞으로도 한국 사람들이 일을 안 하면 더 안 했지 할 수가 없잖아요. 그러면 지금 5년인데 10년, 15년으로 좀 연장을 해주면 숙련된 사람이 한국에 와서 일 잘하고 있는데, 근무 기간 됐다고 가고 또 새로운 사람 받아야 돼요. 이

건 낭비. 낭비라고 생각해요, 저는 개인적으로. 현실성이 떨어지는 거
있죠? 국가 정책이라고 보면 이거 펜대만 굴려가지고 현실성이 떨어
져 현실성이. 지 머릿속에 나온 것을… 보통 숙련이 되려면 1년 이상
은 가야 하는데, 외국인 근로자들을 기껏 가르쳐가지고 2~3년 사용
하고 보내는 거야. 또 뭐 그거는 현실성이 떨어지는 정책입니다."(연구
참여자 A-02)

또한 연구참여자 A-02는 이러한 현실성 없는 정책에 대해 국가적으
로나 회사 입장에서 손해가 많이 생긴다는 입장을 피력했다. 그래서 외국
인 근로자들이 숙련공이 될 경우 정부에서 회사의 보증하에 비자를 연장
해주었으면 하고 바란다.

2) 외국인 근로자의 장기체류 조건 완화

연구참여자 A-04는 정부가 외국인 근로자를 채용할 수 있는 자격 및
기간을 확대해야 한다고 말하고 있다.

연구참여자 A-06은 대기업과의 협력 작업 시 뛰어나고 숙련된 외국
인 근로자들과 함께 불가피하게 협력 출장을 가고자 할 때, 협력 업체 출
입을 허용하지 않고 있다고 한다. 이에 대해 협력 업체의 갑질과 동시에
협력 업체도 다문화 사회에 대한 인식이 부족하다고 인정하고 있다는 문
제가 아닌가 생각하고 있었다.

"외국인 근로자 고용 관련해서는 정부에서 절차의 간소화와 외국인을 채용할 수 있는 업종 및 체류 자격 및 기간을 확대해야 한다고 생각합니다."(연구참여자 A-04)

"외국인도 잘하는 사람은 잘합니다. 그런데 지시만 받아서 일하는 근로자는 한국 근로자와 비교 시 많이 뒤지지만. 직접 지켜보면 주어진 업무의 수행업적은 비교적 좋은 편입니다. 그러한 근로자는 보통 장기근로자가 업무수행 능력이 뛰어납니다. 장기근로자는 3년 기간을 마치고 출국 후 다시 근무를 해서 보통 3년, 5년, 7년의 근로자들은 정말 업무수행 능력이 뛰어납니다. 우리의 어려운 점은 중소기업은 외국인이 같이 가서 작업을 수행해도 아무 말이 없는데, 대기업은 외국인 출입을 허가하지 않습니다. 현장에 가서 작업을 진행하거나 준비하는 파견사원이 불가피하게 외국인이 가야 하는데, 출입 자체를 거부하는 대기업이 가끔 있습니다. 그렇다 보니 출장을 가지 못하고 항상 공장 근무만 하게 되는 거죠. 이런 것도 앞으로 바꾸어져야만 하지 않을까 생각합니다."(연구참여자 A-06)

"지금 우리나라 법상 3년으로 되어 있다 보니까, 일을 제대로 할 수 있을 정도가 되면 귀국을 해야 되는, 물론 지금은 법이 좀 바뀌어서 한 번 연장이 가능하기는 한데, 그래도 5~6년 가지고는 실제로 관리 비용에 비해서, 교육비용에 대해서는 output이 좀 부족한 상태로… 그래서 그 어느 정도 된 사람들은 10년 이상 장기채용이 가능하게 법이 좀 바뀌었음 하는 바람입니다."(연구참여자 A-07)

연구참여자 A-07 역시 외국인 근로자들과 함께 일할 경우, 이들에 대한 체류 기간은 5~6년 정도로 법이 허용하고 있어서 교육비용 대비 경제적인 손실이 생긴다고 말했다. 따라서 외국인 근로자들이 장기 체류할 수 있도록 법이 완화되었으면 하는 기대감을 가지고 있었다. 손윤석(2013)의 연구에서도 현재 중국 국적 동포에게만 허용하고 있는 특례고용허가제의 확대 적용방안을 검토했는데, 특례고용허가제의 확대 적용을 통해 외국인 근로자의 사업장 변경권 확대, 취업 가능 사업장 범위 및 쿼터 조정, 재입국 취업제한 완화라는 방안을 제시했다. 김창도(2017) 역시 외국인 근로자 정책에 대한 제도개선 방안 일곱 가지를 제시했는데, 그중에서 영주권 취득의 용이한 변경, 외국인 근로자의 정주화에 대한 대책 마련은 우리에게 시사하는 바 크다.

4.
경영자의 다양성 경영 실태와 개선 방안

다양성 경영은 배제와 차별 문제에 적절하게 대처하고, 다양한 사람의 능력과 잠재성을 극대화하며, 구성원 간에 큰 갈등 없이 그들의 협력과 공존을 구성하는 데 목표를 두고 있다. 중소기업 경영자들은 다양성 경영이라는 개념은 어느 정도 알고 있지만, 회사의 여러 가지 상황으로 인해 다양성 경영을 실천하지 못하고 있다고 이구동성으로 말하고 있다.

1) 능력별 차등보다는 보수의 차등화?

연구참여자 A-02는 외국인 근로자들에게 생산직에만 국한하지 않고 능력별로 일을 맡기고 싶지만, 갈등을 조장할 수 있어 능력보다는 보수를 차등화하고 있다고 말하고 있다. 연구참여자 A-05도 능력에 따른 직책을 줄 경우, 외국인 근로자들끼리 서로 시기와 질투를 하기 때문에 어려움이 있다고 토로했다.

"저희는 외국인 근로자들이 20여 명 정도 됩니다. 외국인을 채용을 할 때 단순하게 생산직 이런 곳에 국한하지 말고… 저희도 이제… 한국에서 제조업 쪽으로, 3A-04 쪽이나 이런 쪽이 갈수록 여건이 좋지 않아서 밖으로 나가는 추세거든요. 지금은 도저히 뭐 이거 인건비, 이 생산성에 이런 식으로 가다가는 회사가 살아남지 못하는 구조로 자꾸만 변화하니까 그런 것을 대비해서 저는 그렇게 생각해요. 능력 있는 외국인들, 외국인인데도 뭐 베트남 이런 애들, 필리핀이고 동남아 쪽에 있는 인재들 뭐… 저는 근무에 따라 차등을 주는 거죠. 똑같이 두 명인데 한 명은 능력이 좋고, 다른 한 명은 떨어진다고 해가지고 따로 일을 주면… 그렇게 해도 문제가 생깁니다. 자기네들끼리는 다 통하니까. 잘하던 못하던 다 똑같이 주는 것이. 만약에 1년 된 애가 200을 받으면, 2년 된 애는 220을 받던가. 그런 식으로는 차등을 주는데 능력에 따른 차등은 지금 안 주고 있어요."(연구참여자 A-02)

"우리도 뭐… 좋을 것 같아요. 우리도 방향이… 우리 회사도 그런 방향으로 가야 할 것 같아요. 뭐 단점보다는 오히려 장점이 많은 것 같은데, 물론 단점도 있긴 한데… 장점이라면 한국인들이 기피하는 부서에서… 거기서도 조금… 더 기피하는 부서가 따로 있긴 해요. 그런 부서도 우리가 맡겼을 때는 또 잘하고… 그런 것이 장점이라고 보여지고. 단점이라면, 외국인 근로자들이 쉽고 어려운 일을 맡은 것에 따라 서로 시기하고 질투하는 것이 보이기도 해요. 그래서 능력별로 일을 맡기기보다는 연수에 따라 보수로 차등화시킵니다."(연구참여자 A-04)

류지성과 문종원(2013)의 연구 결과에서는 외국인 근로자의 근무만족도 및 근무지속성 확대를 위한 대안을 제시했다. 이 연구에서 인력난을 해소할 방안으로 외국인 근로자의 급여 지급 수준 고려 시 근무 연차 및 기술 숙련도에 따른 차등 지원을 첫 번째로 삼았다.

2) 글로벌한 한국 이미지 기대

연구참여자 A-04는 인종, 민족, 여성, 남성 등을 떠나 외국인 근로자들을 각자가 잘할 수 있는 영역에 투입함으로써 외국인 근로자 스스로 경제적인 이익에 대한 자부심을 가질 수 있을 뿐만 아니라 한국에 대한 이미지도 좋아질 것이라고 확신하고 있었다. 연구참여자 A-07은 회사에서 외국인과 내국인 등 서로 편 가르기를 하지 않을 경우, 글로벌화된 작업환경을 마련할 수 있다고 생각하고 있었다.

"저는 외국인뿐만 아니라 국내에서 우리 직원들이 일하는 부분에서, 예를 들어 누구는 운전을 잘하는 친구가 있을 것이고, 누구는 다른 것을 잘하는 친구가 있지만, 각자가 잘하는 것에 잘할 수 있는 일을 맡기면, 전 된다고 생각을 하거든요. 역시 마찬가지로 외국인들도, 외국인이라고 해서 되고 안 되고 하는 것이 아니라 그들도 똑같이… 전 그래서 공장에 우리 공장장이 있고, 방장이라고 하는 자리를 방글라데시 친구한테 맡겨놓은 이유가 그 친구가 방글라데시 사람들과 같이 있고, 그 사람들이 사람들 다루기에 가장 적합하고 언어도 통하고 모든 것들이 통하니까… 그런 것들에 대한 부분들이… 저는 지금 다양성 경영이라고 하는 것들이 각자가 잘할 수 있는 것들을 가지고 하는 것이고. 앞으로는 그렇게 가야 하는 것이 남성, 여성 이런 것을 떠나서, 또 개인적 사정으로 인해서 또 뭐 이쪽 분야에서 일하기 곤란하다 그러면 충분히… 적절하게 맞춰가지고 경영하는 것도 좋지 않을까 생각해요."(연구참여자 A-04)

"저는 개인적으로 그런 뭐 외국인이다, 내국인이다, 이런 것을 떠나가지고, 더 작게 가면 내 새끼, 니 새끼, 내 자식, 니 자식 뭐 우리네들… 이런 말을 하는 것조차 싫어하는 편입니다. 그러다 보니까 내 자식, 우리 동네, 우리 고향, 뭐 우리나라 이런 말을 하는 것이, 그런 말 자체가 사라져서 저는 '글로벌화될 경우, 어떤 모든 사람이나 모든 나라… 이런 것이 다 그냥 똑같은 그런 조건이나 환경에서 갈 수 있다면 좋지 않을까' 하는 생각이 듭니다."(연구참여자 A-07)

경영자들은 글로벌한 시장 경쟁에서 생존하기 위해서는 다양한 문화적 배경의 인적자원들을 활용해야 한다는 것을 알고 있지만, 실제로 적용하기에는 여러 가지 문제가 발생하여 실천하지 못하고 있다고 한다. 하지만 체계적이고 성공적인 다양성 경영 사례와 모델이 제시될 경우, 외국인 근로자들이 더 좋은 양질의 제품들을 생산하여 회사의 이미지 강화와 더불어 글로벌한 기업으로 거듭날 수 있다고 생각한다.

3) 외국인 근로자와의 접촉 강화

연구참여자 A-06은 외국인 근로자들의 문화를 이해하기 위해서는 다문화교육과 그들과의 접촉이 좀 더 많이 이루어져야 한다고 말한다. 또한 외국인 근로자들을 조직문화에 잘 적응시키기 위해서는 외국인 근로자와 접촉하면서 장벽을 조금씩 낮추어가는 것이 중요하다고 지적하고 있다.

"숙소와 숙식 등의 기숙사 설비를 잘하려면 사측의 비용이 많이 들고 비용을 줄이기 위해서 시설이 미흡한 것이 현재의 실정이므로 조금 외국인 근로자가 안쓰러울 때가 많이 있습니다. 또한 근로자가 환경을 청결하게 청소는 해야 하지만, 그들은 청소를 하지 않습니다. 원래 그런 문화인지는 몰라도 청소를 하지 않습니다. 예전에는 그런 외국인을 보는 시선이 우리보다 아래로 생각해서 근로자에게 '너 청소해라! 왜 청소 안 했니?'라고 하는 오해를 갖고 있었습니다. 하지만 최근에는 나라에서 그들에게 교육도 시킴으로써 경영자가 강하게 요구도 못하고, 그들 역시 인식이 많이 달라졌어요. 짧은 시간에 그런 변화는 어렵다고 판단되고, 요즘의 다문화라는 말이 많잖아요. 우선은 동남아도 있고, 뭐 여러 나라가 있다 보니, 제가 생각하는 제일 중요한 것은 자주 그들과 접촉하면서 장벽을 조금씩 낮추어가는 것이 중요하고, 그 후에는 정상적으로 요구하는 대로 하고, 대화를 그들과 같이하는 것이 가장 중요하다고 생각합니다."(연구참여자 A-06)

손건(2011)의 연구에서는 외국인 근로자에게 현지 정착지원 서비스를 통해 그들과 직접 접촉하면서 생활의 편의를 증진시키는 것이 외국인 근로자의 적응을 촉진할 뿐 아니라 이직 의도를 낮추는 데도 유효한 방안이라고 제시하고 있다.

4) 능력별 및 다양한 국적으로 채용

연구참여자 A-04는 능력 없는 한국인 근로자보다 능력 있는 외국인 근로자들에게 좋은 일자리를 추천하여 돈을 더 벌게 하고 싶다고 했다. 그래서 외국인 근로자들이 한국에서 돈을 더 벌고 자기 나라로 돌아가면 본인에게도 좋고, 한국에 대한 이미지도 좋아지는 것이라고 주장했다. 연구참여자 A-05는 아무리 능력이 뛰어난 외국인 근로자들이라도 한 국적으로만 여러 명을 채용할 경우, 외국인 근로자들이 모여서 요구사항을 많이 주장한다고 하면서 장점보다는 단점이 많다고 말했다.

"앞으로는 그렇게 가야지만 살 수 있지. 내 꺼 오로지, 민족… 단일 민족… 그러니까 예를 들어 우리 회사 같은 경우도 시공 쪽에서 하는 외주 소장님들이 계시거든요? 그분들이 솔직히 돈은 좀 잘 벌거든요. 그런데 외국인들이 와서 그런 것이 좀 마음대로 돌아다닐 수 있고, 일을 하는 여건이 좋아진다고 하면 저는 우리 외국인 공장의 직원들한테도 그 일을 해보라고 권하고 싶거든요. 외국인 직원들이 대기업에 납품하는 업체인데 직접 가서, 직접 가서 공장에 가서 납품도 하고, 좀 손을 봐줘야 되는 일이 있는데, 외국인은 못 들어오게 해서 못 보내는 문제가 생긴다고 하더라구요. 저희도 건설현장에 외국인들이 잘 못 들어가니까. 그런 부분만 잘 해결이 된다고 하면 외국인들한테 일을 맡기고 줄 수도 있거든요. 그런데 그런 것들이 안 되다 보니까. 저는 적극적으로. 어차피 국내에 돈 벌러 온 사람들이고 돈을 벌 수 있는 길이라고 한다면 굳이 내국인뿐만 아니라 그들한테도 그런 기회가 동등하게 주어져서 돈을 더 벌 수 있는 기회가 된다면 100원 벌어가는 것보다 200원 벌어가는 것이 낫죠. 굳이 돈을 벌어서 나가는 것이 아니라, 그럼 그 사람들이 한국에 대한 이미지, 이런 것들을 좋게 해가지고 나가면 '내가 한국 때문에, 한국에 나가서 돈 벌었어. 그래서 잘살고 있어'라고 한다고 하면 한국에 대한 이미지, 국가적인 이미지라든가 나중에 우리 것은 아니어도. 예를 들어 다른 우리나라 제품을 쓴다고 하더라도 '아, 나는 같은 값이면 한국제품을 쓸 거야' 하는 것들이 이런 것들이 이루어지는…"(연구참여자 A-04)

"한 국적의 외국인 근로자보다는 다양한 국적의 사람들을 채용합니다. 아무리 능력이 뛰어나도 한 국적의 외국인 근로자를 채용하면 아무래도 장점보다는 단점이 훨씬 많은 것 같아요. 예를 들어, 우리가 다양한 국적의 여러 명을 채용하지 않다 보니까 전에는 여러 명을 한꺼번에 채용하다 보면 자기들끼리 뭉쳐가지고 다양한 요구사항이 많아졌어요. 그래서 집단으로 나가겠다, 그런 것들이 굉장히 어려움이 있었는데, 한꺼번에 나가면 그 공백이 크다 보니까."(연구참여자 A-05)

이종구와 고영희(2012)의 연구에서는 기업이 인구통계학적 다양성이나 정보적 다양성을 지향할 경우 다양성 통합전략을 수용하게 되고, 궁극적으로 인사성과나 기업성과에 기여하는 것으로 나타났다. 하지만 본 연구의 사례처럼 중소기업의 경우에는 외국인 근로자들을 많이 채용하지 않기 때문에 한 국적 출신의 외국인 근로자들이 단합하여 많은 사항을 요구할 경우, 회사가 이들의 요구를 들어주지 않는다면 회사 차원에서는 손해를 볼 수밖에 없을 것이다. 그러나 이종구 · 고영희(2012)는 다양성 관리를 수행하는 것이 궁극적으로 우리 기업들의 성장에 큰 영향을 줄 것이라고 예측한다.

4장

중소기업 경영자의 상호문화 경험:
이해와 공감

이 장에서는 외국인 근로자와 함께 근무하는 한국인 중소기업 경영자들의 상호문화 경험을 '이해'와 '공감' 영역을 중심으로 기술한다. 이해는 상호문화 경험을 위한 첫 번째 단계로 부정적 이해 혹은 긍정적 이해로 구분할 수 있지만, 다양성 경영의 측면에서는 긍정적 이해가 우선되어야 한다. 아울러 이해를 넘어 공감으로 가는 상호문화 경험의 양상을 살펴볼 것이다. 따라서 이 장에서 이해의 영역은 '직접 접촉을 통한 이해', '교육과 매체를 통한 이해'로 구분하여 이야기하고, 공감의 영역은 '역지사지(易地思之)를 통한 공감', '언어·문화적 공감'으로 구분하여 제시할 것이다.

1.
직접 접촉을 통한 이해

1) 얼굴을 보고 있지만 이해는 불가능

문화적 배경이 서로 다른 사람 간에 처음부터 원활한 소통을 기대하는 것은 쉬운 일이 아니다. 타문화에 대한 이해가 부족한 상황에서는 우리와 다른 타자의 낯선 생활문화와 언어 및 외모에서 발생하는 선입견이 소통을 방해하기 때문에 직접적인 접촉을 통해 상호작용을 시도함에도 긍정적인 이해에 도달하기는 쉽지 않다.

연구참여자 B-01의 경우도 외국인 근로자, 특히 동남아 출신 근로자들에 대한 선입견으로 인해 그들을 온전히 이해하는 데 어려움이 있음을 이야기했다.

"외국인 근로자들은 돈을 많이 벌어야 한다는 생각에 잔업, 특근 등을 많이 하려고 합니다. 그래서인지 그들에게는 힘들고, 어렵고, 더러운 일들을 막 시켜도 된다는 생각이 들어요. 특히 선진국 외국인과 달리 동남아 외국인에 대한 선입견인 것 같아요. (중략) 문화 개념에 대해서는 우리가 알고 있던 상식을 우리 한국 국민이 생각하는 범위와는 약간 벗어나고 무책임한 부분이라고 할까요. 그것이 이들의 문화인 것 같아요. 이런 문제에 대해서는 외국인 근로자들과 소통이 좀 안된다고 생각해요."(연구참여자 B-01)

연구참여자 B-02는 외국인 근로자와의 소통이 회사의 이익 창출과 직결되기 때문에 그들을 만나서 소통하고 이해하는 것이 우선이라는 것을 인식하고 있었다. 그럼에도 이들에 대한 선입견이 작용하고 있어 더 이상 대화의 진전은 기대하기 어렵고, 그러다 보니 얼굴을 보고도 다른 대화를 시도하기보다는 생산에만 집중해주기를 기대하게 된다고 했다.

"우리 회사에서는 아직은 상호문화소통, 다 좋은 이야기입니다. 그러나 우리 중소기업에서는 생산하는 일이 먼저다, 생산이 급하다 보니 한국 근로자는 구하기 어려워서 외국인 근로자를 채용할 수밖에 없는 실정입니다. 그러다 보니 외국인에 대한 선입견이 있어 대화도 어렵고 사실 외국인 근로자를 보는 시선도 좋지 않습니다. 문화 뭐 그런 것 생각할 여유가 없어요. 우선 생산에 집중하다 보니 생산직 외국인 근로자들이 생산에 차질 없이 일해주길 바랍니다."(연구참여자 B-02)

연구참여자 B-04는 외국인 근로자를 단지 근로력 그 이상으로는 생각하지 않고 있었다. 외국인 근로자들의 문화에도 전혀 관심 없었고, 그들의 임금이나 복지보다는 생산성만 강조하고 있었다. 간혹 외국인 근로자들로부터 불만을 감지하게 되면 바로 해결하려고 노력하는데, 이것은 이들을 이해하려는 노력보다 불만으로 인해 생산성에 영향을 줄 수 있기 때문이라고 했다.

"상호문화소통 잘 몰라요. 우리는 근로력이 부족하여 외국인 근로자를 사용할 뿐이죠. 우리 회사에서 말로 하는 소통은 잘 이루어지지 않아요. 단어 정도죠. 저도 그들의 문화에 대해서 잘 모르고 있습니다. 생산성만 많으면 그만이죠. 하지만 이들이 임금이라든지 복지에 대한 불만이 있으면 어떻게 해서든지 해결하려고 합니다. 불만이 많으면 그만큼 생산성이 떨어지기 때문입니다." (연구참여자 B-04)

연구참여자 B-06은 직원들이 일하는 모습을 보면 이해할 수 없는 부분이 많다고 했다. 한국인 직원들은 외국인 직원들에게 무관심할 뿐만 아니라 가끔 있는 회식에서도 외국인 근로자들과는 전혀 어울리지 않는다고 했다. 물론 자신도 매일 얼굴을 마주하고 있지만, 이들에 대해 좀 더 알고 싶거나 이해하기 위해 어떠한 노력을 하는 것은 없다고 했다.

"우리 회사의 한국인 직원들은 외국인 근로자에 대해서 무관심해요. 각자 자신의 일만 해요. 업무시간 외에는 외국인 근로자는 자기네들끼리만 어울려요. 다 같이 회식을 한 번 한 적이 있는데, 외국인 직원은 외국인 직원끼리, 한국인 직원은 한국인 직원끼리만 이야기해요. 다들 별로 관심이 없다고 할까, 저도 그렇지만 어울려서 이야기 잘 안 해요." (연구참여자 B-06)

중소기업 경영자들은 외국인 근로자들을 일종의 한국인 근로자를 대체하는 대체품 또는 근로력으로만 인식할 뿐 인간적인 이해나 이들이 가지고 있는 문화에 대한 이해에는 관심을 보이지 않았다. 다시 말하면, 경영자들은 매일 외국인 근로자들의 얼굴을 마주하면서도 회사의 이익과 직결되는 생산성만을 우선시할 뿐 이들을 인간적으로 대하거나 이들이 지닌 문화적인 부분에 대해 이해하고자 하는 태도를 보이지 않았다.

2) 근무하면서 문화를 이해함

타자의 문화를 이해하기 위해서는 타자와의 만남과 관계 형성이 우선되어야 한다. 연구참여자 B-01은 회사에서 자신뿐만 아니라 한국인 근로자들도 외국인 근로자들과의 친밀한 사적 만남이 이루어지고 있고, 관계에서도 거리감이 없음을 이야기했다. 서로 간에 관심이 많으므로 업무 외의 시간에는 개인적인 대화를 많이 한다고 했다. 연구참여자 B-01은 매일 회사를 순회하면서 업무 지시를 내리고 업무 상태를 살피는 등 직원들과 직접적으로 접촉하는 환경을 만들어서 자신의 회사 내 외국인 근로자에 대한 개인적인 이해는 물론 문화적인 이해도 잘 이루어지도록 하고 있었다.

> "우리 회사는 외국인 근로자들이 아무 말썽 없이 잘 지내는 것 같아요. 말이 잘 통하지 않지만 한국인 근로자와의 갈등이라든지, 서로 간 사소한 시비거리가 거의 없거든요. (중략) 저도 공장을 돌면서 안부도 묻고 개인적으로 관심을 두고 대화하고 있어요."(연구참여자 B-01)

연구참여자 B-03과 B-05는 다문화교육, 상호문화교육, 외국인 근로자들의 문화에 대한 교육 등 공식적으로 어떤 교육을 받은 적은 없으나 외국인 근로자가 자신의 회사에 들어오는 날부터 관심을 가지고 대화를 나누고 있었다. 또한 매일 만나서 함께 근무하면서 자연스럽게 그들의 문화를 이해하고 배우는 계기가 되었다고 했다. 그는 인간적인 이해든 문화적인 이해든 상대방에 관한 관심이 우선된다면 어떤 부분에서라도 이해를 이끌어낼 수 있다고 했다.

"사실은 중소기업 경영자들은 외국인 근로자들의 문화에 대해 교육을 따로 받거나 하지는 않아요. 외국인 근로자와 함께 근무를 통해 그들의 문화 등을 이해하고 배우게 되었어요. 그들의 사적인 대화, 문화의 관심 등을 서로 이야기하다 보면 서로의 문화에도 관심을 가지게 되고, 그러면서 자연히 그들의 문화를 이해할 수 있었어요."(연구참여자 B-03)

"저희가 외국인 근로자를 쓴다고 해서 어떤 단체나 기관을 통해서 그쪽 문화를 배운다는 건 잘 없고요. (중략) 저 같은 경우에는 그쪽 문화에 대해서는 해외여행이나 그냥 매체나 이런 걸 통해서 조금 알고 있는 거고요. 혹은 주말에 공장에 왔을 때 개인적으로 물어보죠. 가족 관계, 와이프는 어떻게 잘 있냐? 하면서요."(연구참여자 B-05)

연구참여자들은 대부분 다문화교육이나 상호문화교육에 대해 모르고 있는 것으로 나타났다. 그럼에도 외국인 근로자들에 관한 관심을 통해 직접적인 접촉을 강화함으로써 개인적인 문제뿐만 아니라 문화적인 부분까지도 상호이해에 도달할 수 있는 환경을 조성하여 친밀한 관계를 형성하고 있었다.

2.
교육과 매체를 통한 이해

타자에 대한 진정한 이해는 타자의 내적 환경과 외적 환경에 대한 심층적인 차원에서의 이해를 의미한다. 따라서 타자가 가지고 있는 보이지 않는 문화적인 속성뿐만 아니라 겉으로 드러나는 언어적인 차원의 소통과 이해도 매우 중요하다.

중소기업 경영자들의 상호문화 경험을 분석한 결과, 이해의 영역에서 드러난 '교육과 매체를 통한 이해' 측면을 살펴보았다. 이 측면에서는 두 가지 주제, 즉 "현장에서 교육은 생각할 수 없는 일이죠"와 "사실 방송을 보면 좀 짠하기는 하지요"가 도출되었다. 특히 타자의 내적 환경과 외적 환경에 대한 이해는 매체를 통해 이루어지는 것을 확인할 수 있었다.

1) 현장에서 교육은 생각할 수 없는 일이죠

일반적으로 외국인 근로자를 고용한 중소기업에서는 어느 회사를 막론하고 생산성을 앞세울 수밖에 없을 것이다. 그러므로 근로현장에서 '교육'이라는 단어를 운운하는 것은 무리가 있을 수 있다. 그럼에도 한국 사회에서 외국인 근로자가 없는 근로현장은 상상할 수 없는 현실이 되었기에 언어와 문화가 상이한 타자에 대한 심층적인 이해를 간과할 수는 없는 일이다.

현장에서 만난 연구참여자 B-03은 연구자의 질문에 대해 예상과 크게 다르지 않게 회사의 여건상 '교육'이라는 단어는 불가능한 일이라며 목소리를 높여 단정적으로 이야기했다.

> "상호문화교육이요? 어디서, 어떻게 하는지도 몰라요. 그런 것까지
> 회사에서 일손이 부족한데 상호문화교육은 얼어 죽을…. 각자 자기
> 시간을 이용하던지 그런 것은 회사에서 뭐 지원해주고 말고 할 형편
> 이 아직은 아니라고 생각합니다."(연구참여자 B-03)

연구참여자 B-04 또한 회사에서 외국인 근로자들의 문화까지 생각할 여유가 없다고 이야기했다. 회사가 날마다 처리해야 할 업무량도 많은 상황에 무슨 교육이냐는 반문에 길게 이야기하기가 민망할 정도였다. 현장의 상황은 만만하지 않았으며, 이러한 곳에서 일하고 있는 외국인 근로자의 상황 또한 만만하지 않겠다는 것을 직감할 수 있었다.

> "상호문화교육요? 그런 것은 처음 들어보았는데요? 다문화교육?

들어본 적은 있지만요. 외국인 근로자의 문화를 이해하는 교육이요? 나도 그런 거 이해는 하지만, 일단 회사에 들어오면 그런 것까지 생각하지 않아요. 눈앞에 놓인 일부터 해결해야 하니까요. 회사에서는 일만 합니다. 외국인 근로자의 문화까지 이해할 여유가 없어요."(연구참여자 B-04)

연구참여자 B-05와 B-06은 기업 경영자에게는 중요한 일이 너무 많고, 현장의 일이란 오늘 일을 내일로 미룰 수 없는 시간을 다투는 일이 너무 많기 때문에 교육이라는 탁상공론 같은 소리는 하지 말라고 했다. 그러면서 경영자의 교육은 자신이 알아서 할 일이고, 외국인 근로자의 교육은 근로자들이 스스로 알아서 해결해야 한다는 태도였다. 무엇보다 함께 근무하다 보면 서로 간의 대화를 통해 자동으로 사람이든 문화든 이해하게 될 것이라고 이야기했다.

"회사에서 경영자가 그런 것까지 교육하고 지원해주어야 하나요? 외국인 근로자 본인들이 필요할 때 알아서 하든지 말든지 하는 거지. 뭐 회사에서까지 지원하고 말고가 있나요? 그런 것은 본인들이 알아서 해야지 뭐 어떻게 해요? 물론 좋은 취지이지만 우리같이 중소기업을 운영하는 입장에서는 그럴 여유가 없는 것 같아요."(연구참여자 B-05)

"그런 것도 있나요? 허허, 한국인 근로자를 구하지 못해서 대안으로 말도 안 통하고 문제가 있는데도 그런 애들 데리고 일하는 것도 머리 아픈데. (중략) 같이 일하면서 알게 되고 이해되겠죠."(연구참여자 B-06)

중소기업 경영자들은 자신이나 근로자를 위한 상호문화교육이나 다문화교육의 필요성에 대해 전혀 인지하지 못하고 있었다. 한국의 생산현장에는 여전히 타문화에 대한 이해나 외국인 근로자에 대한 관심이 없다는 것을 알 수 있는 대목이었다. 물론 기업 경영자들의 현실을 외면하고자하는 것은 아니며, 또한 모든 경영자의 인식이 이와 같다는 식의 일반화를주장하는 것은 아니지만, 그럼에도 선주민에 대한 타문화 이해 교육이나외국인 근로자에 대한 한국 문화 이해 교육이 필요하다는 사실은 분명해보였다.

2) 사실 방송을 보면 좀 짠하기는 하지요

미디어는 일반인들에게 외국인 근로자들에 대한 선입관을 각인시킬만큼의 영향력을 발휘하기 때문에 외국인 근로자에 대한 보도는 신중하게 결정해서 전달할 필요가 있다.

연구참여자 B-02는 TV에서 결혼이주여성들이 한국에서 열심히 살아가는 모습을 보면서 늘 짠한 생각이 들어 자신의 회사에 근무하고 있는외국인 근로자들을 생각한다고 했다. 비록 방송을 볼 때만 잠시 그런 생각을 할 뿐이지만, 그럼에도 방송에서 외국인에 대한 좋은 모습을 자주 보여준다면 많은 국민의 편견을 바꾸는 데 기여할 수 있다고 했다.

"TV에서 국제결혼한 여성이 자주 등장하는 거, 여러 번 본 적이 있어요. 한국에서 열심히 살고 있는 것을 보면서 우리 회사 외국인 근로자들을 생각하게 되죠. 하지만 그때뿐입니다. 회사에서는 일만 하는 데… 하지만 좋은 것 같아요. TV에서 좋은 모습을 보여줘서…."(연구참여자 B-02)

연구참여자 B-03과 B-05는 다양한 방송매체를 통해 한국에 거주하는 이주자들이 어렵게 살아가는 모습을 보면서 외국인 근로자에 대한 관심을 갖게 되었고, 자신의 회사에 근무하는 외국인 근로자의 문화에도 관심이 가게 되었다고 한다. 매체를 통해 이주자의 어려움을 접할 때면 가끔은 마음도 아프고 감정도 이입해보지만, 그럼에도 외국이라는 여건 속에서 이런 일을 겪는 것은 어쩔 수 없는 현실이라고 생각한다고 했다.

"외국인 근로자가 열악한 숙소에서 사망한 사건을 접하면서 많은 생각을 했습니다. 이런 사건들이 극히 일부분이라고 생각해요. 저도 외국인 근로자들에게 최선을 다하려고 하지만, 중소기업의 열악한 환경에서 여러 가지가 어렵네요."(연구참여자 B-03)

"외국인 근로자 관련 뉴스를 접하게 되죠, 대부분 외국인 근로자들에 대한 인식 부족에서 오는 현실적 이야기죠. 우리 회사에도 외국인 근로자와 같이 일하고 있으니 한 번 더 관심 있게 보면서 타문화에 조금이나마 관심과 이해를 하게 되죠."(연구참여자 B-05)

연구참여자 B-06은 미디어를 통해 외국인 근로자들의 좋지 않은 모습을 보면서 본인 회사만이라도 솔선하여 이들과 함께 잘 소통할 수 있는 방법을 찾아보려고 애쓴다고 했다. 미디어는 고정관념을 전파하고 고착

화시키는 데 일조하지만, 기존의 고정관념을 없애는 도구 역할을 하고 있음을 알 수 있었다.

> "신문, TV 등을 보면서 안산 외국인 근로자들의 좋지 않은 내용의 기사를 접하게 될 때 우리 회사 외국인 근로자가 생각나면서 서로 잘 소통하는 방법이 무엇일까를 생각합니다. 아! 최소한 우리 회사에 근무하는 외국인 근로자들의 자국 문화만이라도 좀 알고 함께해야 하지 않나 생각해보았습니다."(연구참여자 B-06)

3.
역지사지(易地思之)를 통한 공감

1) 나이는 성인이지만 아이와 같다고 생각해요

중소기업 경영자들은 대부분 생산현장에서 외국인 근로자들이 일을 잘 못하거나 실수를 저지를 때 속상해하거나 혼을 내기도 하지만, 때로는 자신도 외국에서 일하고 있다면 어떻게 되었을까 하는 생각을 해본다고 했다.

연구참여자 B-01은 종종 외국인 근로자를 보면서 자기 입장을 이입시켜 자신도 외국에서 일하고 있다는 상상을 하면서 이들을 대한다고 했다. 특히 외국인 근로자들이 일을 잘하지 못하거나 화나게 할 때 이런 생각이 자신의 마음을 진정시키는 역할을 한다고 했다.

"외국인 근로자들이 조금이라도 잘 알아듣지 못하면 혼자서 생각을 하게 됩니다. 내가 만약 이들과 같이 외국에서 가족을 위해 어쩔 수 없이 일을 한다면 나는 어떻게 행동할까? 이런 생각을 외국인 근로자들이 잘 못 알아듣고 실수했을 때 그런 생각을 하면 저도 약간은 화가 누그러집니다."(연구참여자 B-01)

연구참여자 B-02는 자신이 외국에서 일한다면 외국인 근로자들과 다르지 않을 것이라는 생각에 이들과의 대화에서 한국의 유치원생이나 초등학생 같은 눈높이로 생각하고 말한다고 했다. 또한 외국인 근로자들에게 기술을 가르칠 때는 자신이 외국에서 기술을 배운다고 생각하고 아이들에게 가르치듯이 또박또박 천천히 짧은 문장으로 설명한다고 했다.

"외국인 근로자들은 성인이지만, 한국어 능력이나 우리 회사의 기술적인 면에서는 유치원생이나 초등학생 수준으로 생각하면 돼요. 그래서 유치원생에게 가르쳐주는 수준이라고 생각하면 제가 답답하지 않고 훨씬 부드러워져요. 아이들을 가르치는 거니까."(연구참여자 B-02)

연구참여자 B-03은 외국인 근로자들이 회사 업무에 지장을 초래할 때 '내가 만약'이라는 단어를 떠올린다고 했다. 그는 자신이 만약 해외에 나가서 일할 경우, '어떤 대우를 받을 수 있을까?'라고 생각하면서 화가 날 경우에도 참는다고 했다. 이는 연구참여자가 외국인 근로자들의 상황에 공감하고 있다는 것이다.

"저는 '내가 만약'이라는 단어를 항상 떠올립니다. 내가 이들의 입장에 공감할 수 있는 부분은 현재 딱 생각나지 않지만요. '내가 만약 외국에 나가서 일을 한다면, 나는 현지인에게 어떤 취급을 받을까?'라고 생각합니다. 아찔하겠죠? 그래서 외국인 근로자들이 우리 회사에

서 일을 할 때 화가 날 경우가 있는데, 물론 화를 낸 적도 있지만 많이

참으려고 노력합니다."(연구참여자 B-03)

중소기업 경영자들은 전혀 다른 문화를 지닌 외국인 근로자들의 생활에 대해 자기 입장에 대입하여 공감하는 분위기를 나타내고 있었다. 그럼에도 한편으로는 이러한 분위기를 두고 외국인 근로자들을 어린아이로 취급하는 일종의 차별적인 시선이라는 지적도 있다. 무엇보다 중요한 것은 외국인 근로자가 느끼는 어려움의 본질을 진심으로 공감하고 평등한 위치에서 더불어 사는 삶을 지향하고자 한다면 그러한 지적은 의미가 없을 것이다.

2) 외국에 살고 있다면 같은 입장이죠

중소기업 경영자들은 외국인 근로자들을 보면서 자신도 외국에 있다면 그 나라의 낯선 음식이나 낯선 문화에 대해 즉각적인 적응이 어려울 것으로 생각했다. 연구참여자 B-02와 B-07은 외국인 근로자들이 한국인의 행동이나 손동작 등 상이한 몸짓 문화를 잘못 인지하여 문제가 발생할 경우, 자신도 외국에서 현지인과 함께 일할 경우 그들의 행동을 이해하지 못해서 어려움이 발생할 수 있다는 것을 가정하여 공감하는 태도를 보이고 있었다.

"외국인 근로자들이 우리의 행동과 손짓, 몸짓으로 하는 의사 표시

에 대해 이해를 못 하나라고 생각해보았습니다. 외국인들도 우리의 행동과 손짓, 몸짓으로 하는 의사 표시가 이상하다고 생각하겠죠? 외국인들이 행동과 손짓으로 표현하는 의사 표시가 우리와 다르구나라고 생각했어요."(연구참여자 B-02)

"외국인 근로자들이 음식을 먹을 때 손으로 음식을 집어 먹는다든지, 돼지고기를 먹지 않으니까 이상한 문화를 가지고 있구나 생각한 적이 있었어요. 하지만 그에 대한 생각이 바뀌었어요. 왜냐하면 '내가 만약 외국에 있다면 외국인 앞에서 나는 과연 김치나 마늘을 마음대로 먹을 수 있을까?'라고 생각해보았습니다. 외국인들은 냄새나고 빨간 김치를 이상하다고 생각하겠죠?"(연구참여자 B-07)

외국인 근로자를 고용하고 있는 중소기업 경영자들은 외국인 근로자들이 생산현장에 잘 적응하지 못하는 경우, 자기 입장으로 감정이입하여 이해하고 공감하려는 노력을 하는 것으로 나타났다. 연구참여자들은 타자와 타문화에 대한 일방적인 고정관념을 버리고 공감을 통해 이해하거나 존중하는 태도를 보여주고 있었다.

4.
언어 · 문화적 공감

1) 언어 문제로 힘든 적이 있었어요

중소기업 경영자들은 해외에 출장을 자주 가는 편이지만, 영어를 사용하여 현지인들과 소통하는 데 한계가 있기 때문에 언어 문제로 인한 어려움을 경험한 것으로 이야기했다.

연구참여자 B-01은 외국 출장에서 업무적이고 기술적인 문제는 현지인과 비교해도 손색이 없을 정도이지만, 현지인과의 대화 시 언어소통에 종종 어려움을 경험하는 것으로 나타났다.

> "제가 멕시코 티후하나에서 삼성전자에 TV 부품 로봇 라인 작업
> 을 위해 직원 몇 명과 출장 시 언어소통의 문제로 기술 협의 과정에서
> 잘못 이해를 해서 두세 번 수정해야만 하는 경험을 한 적도 있습니다.
> 기술력에서는 큰 차이가 없는데 언어소통 문제로 하루에 끝날 일을
> 이틀씩 해야 하는 어려움이 많았죠."(연구참여자 B-01)

연구참여자 B-02는 가족과 함께 외국에 여행 간 적이 있었는데, 그곳에서 말을 잘하지 못해서 어려움을 겪은 경험이 많았다는 것을 이야기하면서 한국에서 일하는 외국인 근로자들도 한국어 때문에 어려움이 많을 것이라고 했다. 자신의 회사에서 일하는 외국인 근로자의 상황을 자신이 외국에서 경험한 언어적 어려움에 대비시켜 공감하려고 하는 태도를 읽을 수 있었다.

"누구나 한 번쯤은 외국에 가잖아요. 저도 외국에 가족들과 여러 번 여행 간 적이 있는데, 언어적인 어려움으로 곤욕을 치른 적이 있어요. 애들이 영어를 잘 못해서 내가 나서야 하는데, 할 수 없이 스마트폰으로 찾아봐요. 단어의 뜻을 영어로. 외국인 근로자들도 그렇지 않겠어요? 그 나라말을 잘못하면 소통하는 데 애를 먹죠."(연구참여자 B-02)

연구참여자 B-04는 외국인 근로자와 한국인 근로자 간의 소통이 원활하게 진행되지 않아 종이에 자주 쓰는 단어를 영어와 한국어로 번역하여 벽에 붙여놓고 있다고 했다. 연구참여자 B-07은 외국 출장 시 국가에 따라 공통어인 영어조차 통하지 않는 나라가 있어 서로가 대화하기 힘든 상황을 경험한 적 있었다. 언어 문제 때문에 경험한 어려움으로 인해 자신의 회사에 근무하고 있는 외국인 근로자에 대한 공감을 충분히 하고 있다고 했다.

"우리 회사에는 3개국 출신 외국인 근로자들이 근무하는데, 서로 한국어로 소통이 되지 않아서 애를 먹은 적이 많아요. 그럴 경우, 영어 단어로 소통을 하게 되는데, 한국인 근로자는 영어를 잘 못하니까 답답해하는 경우도 있었죠. 할 수 없이 자주 사용하는 단어를 종이에 써서 영어와 한국어로 번역하여 붙여놓고 있습니다. 이렇게 하면 서로 간에 조금이나마 도움이 돼요."(연구참여자 B-04)

"요즘은 외국 출장이 자주 있어요. 이제는 국내 영업으로는 어려워요. 그러다 보니 해외에 우리 제품을 많이 팔아야 하니까요. 그런데 해외 영업에는 진짜 조심해야 하는 것이 언어 문제입니다. 말과 문서 등 번역, 외국어 표기 정말 조심해야 하지요. 오더 표기에 날짜, 수량 등 잘못해서 어이없는 일도 있었고요. 또 특히 우리나라 사람들이 영어를 잘 못하면서 상대방 표정 보며 웃으면서 OK, OK 하는 것 있잖아요? 정말 조심해야 할 부분입니다."(연구참여자 B-07)

중소기업 경영자들은 외국 출장에서 언어소통으로 인한 어려움을 종종 경험하는 것으로 나타났다. 이들은 한국 내 외국인 근로자들이 겪는 언어 문제로 인한 스트레스를 어느 정도 공감하고 있다고 했다. 따라서 외국인 근로자들의 스트레스를 경감시켜 근로의 생산성을 높이기 위해서는 경영자들의 공감적인 부분에 근거하여 구체적이고 실제적인 지원이 필요할 것으로 보인다.

2) 문화차이로 난처한 적 있었어요

    중소기업 경영자들은 외국 출장 시 문화적 차이로 인해 난처한 경험을 한 적이 있다고 했다. 이로 인해 외국인 근로자들도 그들과 전혀 다른 문화를 가진 타국에서 장기간 근무하면서 크고 작은 어려움을 겪을 수 있다는 데 대해 공감하고 있었다.

    연구참여자 B-01은 외국 출장 시 타문화에 적응하는 것이 매우 어려웠다고 이야기하며 문화적인 측면에 대한 어려움을 토로하면서 한국에서 일하는 외국인 근로자의 어려움 또한 자신의 경험과 비슷할 것이라고 했다.

    연구참여자 B-04는 본인이 다른 나라로 여행을 가더라도 언어나 문화적응에 애로사항이 있을 것이라고 이야기하면서 외국인 근로자들의 문화적응에 대해 공감을 나타냈다.

    "저희는 회사에서 생산 매뉴얼에 따라 생산 활동을 합니다. 같은 제품인데도 생산 매뉴얼은 한국문화에 맞는 것이고, 같은 제품인데도 우리가 수출하는 나라 문화에는 맞지 않는 경우가 있어요. 제품에는 아무런 하자가 없는데도 나라에 따라 각각의 생산 조립 순서와 방법이 다르게 해야 하는 일들을 경험하곤 합니다."(연구참여자 B-01)

    "여기에 근무하는 외국인 근로자들은 문화적인 측면에서 전혀 경험해보지 않은 낯선 나라에 와서 어려움이 있지 않을까요? 왜냐하면 성인이 될 때까지 자기 나라 문화 내에서 살아왔는데, 적응하는 데 힘들 것이라고 생각해요. 우리도 마찬가지 아니겠어요? (중략) 나는 외국

인 근로자들의 심정을 충분히 이해합니다."(연구참여자 B-04)

연구참여자 B-02는 자신이 외국에 나가서 음식 문제로 고생한 경험이 있었다면서 외국인 근로자들의 심정을 이해한다고 했다. 그렇지만 외국인 근로자들이 한국에 거주하는 기간이 길어질수록 자연적으로 극복할 수 있을 것으로 보고 특별히 이들을 위한 지원보다는 시간적인 기다림이 필요하다고 말했다.

연구참여자 B-07은 모국과는 다른 타문화의 차이로 인해 해외 출장에서 갈등도 경험했고, 출장국에 따라 다른 문화로 인해 그 대처법을 몰라서 매우 난처한 적도 있었다고 했다.

"외국에 자주 다니다 보면 한국 음식이 그리워질 때가 많아요. 현지의 음식을 먹을 때도 한두 번이지. 현지 음식을 먹고 나면 속에 가스가 찰 때가 많아요. 그럴 경우에는 가지고 간 고추장이나 라면을 끓여 먹어요. 외국인 근로자도 그렇지 않겠어요? 먹는 음식이 맞지 않을 텐데, 그래도 여기에서 가족을 위해 일하는 것을 보면 안쓰럽기도 하고…. 하지만 시간이 지나면서 그런 문화적 차이도 극복할 수 있지 않겠어요?"(연구참여자 B-02)

"해외 출장에서 현지 음식은 하루 이틀은 먹을 만합니다. 하지만 결국은 한식 전문점을 찾아가게 돼요. (중략) 인사하는 법 등 출장 가기 전에 그 나라 문화 등을 사전에 기본적인 것을 좀 공부하고, 물론 인터넷을 통해 준비를 좀 합니다. 우리는 장기 출장이 아니라 길어도 한 달 정도니까 그래도 어느 정도 그러죠. 몇 년 장기 출장이면 어떨까

생각해보면 글쎄요, 우리 회사 외국인 근로자들 대단하다는 생각이
들어요. 돈 버는 게 목적이라서 힘들지만."(연구참여자 B-07)

　　중소기업 경영자들은 출장을 통해 언어적 차이와 문화적 차이를 직
접 경험한 적 있으며, 자신의 경험에 비추어 한국에 있는 외국인 근로자
의 상황을 공감하고 있는 것으로 나타났다. 외국인 근로자에 대한 경영자
들의 공감은 역지사지를 통한 공감, 그리고 문화와 문화 간의 접촉을 통한
언어 · 문화적 공감을 나타내고 있었다.

5장

중소기업 경영자의
상호문화 경험:
소통, 협력, 연대

이 장에서는 외국인 근로자와 함께 근무하는 한국인 중소기업 경영자들의 상호문화 경험을 '소통', '협력', '연대' 영역을 중심으로 기술한다. 소통은 상호문화 경험의 대인적 차원에서 첫 단계로 볼 수 있으며, 협력과 연대의 전제가 되는 영역이다. 소통의 영역에서는 '언어와 감정의 소통', '문화와 종교적 소통'으로 구분했고, 협력의 영역에서는 '국가별 동료 간 협력', '숙련근로자와의 협력'으로 구분했으며, '지역사회와의 연대', '자조모임과의 연대'로 나누어 상호문화 경험을 기술했다.

1.
언어와 감정의 소통

　　상호문화성을 구성하는 요소 중 대인적 관계의 출발점이라고 볼 수 있는 요소로는 소통을 들 수 있다. 소통은 언어적 상황이나 비언어적 상황을 매개체로 하는 인간의 의사소통 행위에서 상호 간 대화 참여자들에게 특정한 목적을 추구하는 데 관여하는 역동적인 과정이기 때문이다. 한국에 거주하는 외국인 근로자들은 자국의 문화와는 완전히 다른 한국 사회에서 다양한 어려움을 겪고 있지만, 의사소통의 어려움은 매우 중요한 문제가 되고 있다.

　　한국어 사용이 원활하지 못한 근로자들은 작업 수행 시 의사소통 문제로 경영자의 지시를 잘못 이해하는 경우가 많으며, 이에 수반하여 생산성이 떨어지거나 심한 경우 사고의 위험에까지 노출될 수 있다. 의사소통 문제는 작업 수행뿐만 아니라 중요한 정보 습득, 이문화 간의 이해 등 일상적인 생활세계에서도 심각한 어려움을 초래할 수 있다.

　　중소기업 경영자들의 '소통'에 대한 경험을 분석한 결과, '언어와 감정의 소통', '문화와 종교적 소통'으로 범주화할 수 있었고, 하위 범주로는

"단어장을 공장 벽에 붙여놨어요", "이해하고 잘 달래서 함께해야죠", 그리고 "출신국별로 다른 문화도 소통하면서 존중해요", "닭고기 먹고 사이다로 건배해요"라는 주제가 도출되었다.

1) 단어장을 공장 벽에 붙여놨어요

중소기업 경영자들은 외국인 근로자들이 생산현장에서 업무와 관련하여 간단한 언어로 회사 동료와 의사소통하는 것은 문제가 없지만, 업무 외 일상생활에서 문화적 차이로 인한 언어와 감정을 표현하는 데 어려움이 있다고 했다.

연구참여자 B-01은 한국말을 할 줄 아는 조선족 출신 외국인 근로자보다 동남아 출신 외국인 근로자들이 의사소통하는 데 훨씬 더 문제가 많지만, 그럼에도 시간이 지나면서 누구나 언어와 문화적응이 가능하다고 긍정적으로 생각하고 있었다. 그렇게 말하면서도 언어와 문화적응에 능숙한 숙련된 근로자들이 오래 근무하지 못하고 귀국해야 하는 현실을 아쉬워하면서 외국인 근로자가 오래 근무할 수 있는 환경이 필요함을 역설했다.

"외국인 근로자와 한국인 근로자 간 손짓과 발짓을 사용하지 말라고 말합니다. 그렇게 소통할 때, 경우에 따라 의사 전달에 오해가 발생하여 서로 불신하는 일이 생기기 때문에 조심해야 합니다. (중략) 동남아에서 온 외국인 근로자의 경우는 수십 번 반복하거나 영어 단어를 메모, 국제통용 그림 표기로 해서 보여주고 반복하고, 또 반복하고. 사실 좀 힘들어요. 그러나 시간이 지나면 해결되겠지만, 그래서 오래 근무하는 외국인 근로자가 필요하다는 것입니다. 결론은."(연구참여자 B-01)

연구참여자 B-02는 외국인 근로자들이 직장생활 중 언어적 소통이 잘 이루어지지 않아 한국인 근로자와 갈등이 일어날 수 있으며, 이럴 경우 모든 문제에 대해 한국인 근로자들이 이해해야 한다는 입장이었다. 이는 자신의 경험에서 비롯된 것으로, 외국에 출장을 가서 언어적 소통의 어려움을 여러 번 경험했기 때문이라고 했다. 시간을 두고 기다려주면 어느 정도 기본적인 소통이 이루어질 것으로 보고 있었다.

"처음에는 답답하지만 2, 3개월 정도 지나면 차이가 안 나는 것 같아요. 저는… '네가 거꾸로 베트남에 가서 일하면 베트남 말을 알아듣냐?' 언어가 안 되는 것은 좀 천천히 교육을 시켜가면서 해야 되는 것인데, 욕을 하는 것은 좀….'(연구참여자 B-02)

연구참여자 B-04는 외국인 근로자들의 언어적 수준에 차이는 있겠지만, 회사에서 사용하는 용어들을 배우려고 노력한다면 공장에서 필요한 의사소통은 충분히 가능하다고 이야기했다. 그러면서 핸드폰에 내장된 번역기가 있어서 예전보다는 훨씬 더 소통하기 편해졌다고 했다. 그럼에도 의사소통이란 즉시에 이루어져야 회사 내에서 발생하는 문제가 빨리 해결될 수 있는데, 번역기에 기대는 것은 일상적인 의사소통에만 도움이 된다고 덧붙였다.

"기본적인 용어들, 외국인 근로자의 나라말을 한국말로 공장 벽에 다가 써서 붙여놨었거든요. 단어장을 벽에다가 공장 벽에다가 붙여놨었거든요. 말로 소통하는 것은 이 친구들이 많이 하다 보니까 그럭저럭 잘해요. 그리고 요즘은 참 좋은 것이 번역기가 핸드폰마다 있으니까 요걸 해서 보여주면 서로 통하고. 다만 좀 깊이가 있고 속마음 등을 서로 나누기가 좀 문제가 있고, 주로 웃음으로 이야기하죠."(연구참여자 B-04)

연구참여자 B-07은 근로의 강도에 있어서 한국인 근로자들이 장시간 일하는 것을 기피하고 있지만, 이를 대신하여 외국인 근로자들이 그 시간을 채워주고 있어서 회사 측면에서 좋다고 했다. 그는 외국인 근로자들에게는 언어적 문제로 인한 의사소통의 장벽이 조금은 있지만, 생산성 측면에서는 외국인 근로자들이 회사에 훨씬 더 많은 도움이 된다고 했다.

"한국인 근로자들은 아무래도 잔업, 특근, 힘든 일 등에 근무하는 거를 기피하는 추세고, 또 외국인 근로자들은 많은 시간 동안 일을 시킬 수 있어서 좋고. 그 대신 뭐 아무래도 제일 문제인 것은 언어소통이 문제다 보니까 그쪽에서 조금 어려움이 있을 수 있고 그렇죠. 하지만 크게 문제 될 것은 없어요. 단순 작업이다 보니까요."(연구참여자 B-07)

최근에 입국하는 외국인 근로자들은 한국문화와 언어를 본국에서 미리 어느 정도 습득한 후에 입국하고 있다. 또한 경영자들은 번역기 등의 도움으로 의사소통에는 큰 문제가 없다고 이야기했다. 하지만 의사소통은 즉각적으로 이루어지는 행위이기 때문에 그 순간에 해결해야 할 과제가 주어질 경우, 의사소통으로 인한 어려움은 경영자나 동료인 한국인 근로자가 감당해야 할 몫이라고 했다. 이러한 관점에서 경영자들은 외국인 근로자와의 의사소통 문제를 최우선 순위로 여기고 있었다.

2) 이해하고 잘 달래서 함께해야죠

중소기업 경영자들은 생산현장에서 외국인 근로자와의 언어소통에는 시간이 지나면서 큰 어려움이 없어지지만, 이들이 감정을 표현하는 데는 상대방과 오해가 생기는 등 오랫동안 어려움이 발생한다고 했다.

연구참여자 B-01은 외국인 근로자들이 생산현장에서 한국인 근로자들과 함께 물품을 생산하는 데는 아무런 지장이 없지만, 한국 직장문화의 위계질서라든지 동료들 간의 인간관계에는 적응이 늦다고 했다. 때로는 감정의 기복이 심해서 의미하는 바를 잘 이해하지 못할 때도 있다고 했다. 그러나 가급적 이들의 감정을 맞추려고 많이 노력하고 있다고 했다.

"저희는 회사에 생산에 조립 순서가 있기 때문에 교육을 하여 능력에 따라서 생산을 해야 하거든요. 내가 먼저 그 사람의 수준에 따라서 일하는 것은 굳이 한국 사람과 외국인을 나누지 않았어요. 직장문화에 적응을 한국 사람보다도 못하는 것은 있어요. 한국의 직장문화는 위계질서가 있잖아요. 그러다 보면 조립적인 문제로 불량이 발생하여 제품을 폐기 처분해야 하는 일이 종종 발생합니다. 제품 원가가 좀 있

는 제품이라 정말 미치죠. (중략) 나도 그들과 같은 경험하고, 그래서인
지 공감하는 부분이 많아서 자제하려고 많은 생각을 합니다."(연구참여
자 B-01)

연구참여자 B-03은 자신의 회사에 외국인 근로자들 간의 출신국이
달라서 상호 협력이 어렵다고 했다. 그래서 요즘은 이들의 문화적 속성을
파악하기 위해 공부하고 있다고 했다.

연구참여자 B-07은 외국인 근로자들이 출신국별로 성격이 달라서
근로자 간 갈등도 다양한 방법으로 나타나고 있고, 감정의 다양한 표출로
인해 일을 시킬 때 어려움도 있다고 했다. 가끔 화도 나지만 생산에 지장
이 생기지 않도록 이들의 감정을 건드리지 않고 잘 달래서 일을 시킨다고
했다.

"회사에 외국인 근로자들이 3~4명 있는데, 다 출신국이 달라요. 성
격도 다 달라요. 심지어 조그마한 일로 싸우기도 합니다. 그러다 보면
일을 하는 데 지장이 많이 생깁니다. 그래서 제가 이들 나라의 문화적
성격들을 파악하려고 노력하고 있습니다. 그래서 저도 공부를 많이
해요. 어쩌겠어요. 제가 이들을 고용했으니, 갈등 줄이고 좀 더 많이
생산하게 해야죠."(연구참여자 B-03)

"외국인 근로자들은 눈치가 없다고 할까, 관심이 없다고 할까, 있잖
아요. 무엇인가 모르게 답답하게 일하는 거. 스트레스 정말 많이 받아
요. 한국인 근로자는 외국인 근로자들이 직장문화를 모른다고 좀 무
시하는… 가만히 보면 출신국, 개인 성격에 따라 좀 차이는 있어요.

그래서 최근에는 외국인 근로자를 고용하는 것도 쉽지 않습니다. 어떡합니까? 이해하고 잘 달래서 함께해야죠."(연구참여자 B-07)

연구참여자 B-04는 외국인 근로자가 회식에서 건배문화를 부정적으로 생각하는 모습을 보면서 이러한 행동이 개인적인 것인지, 아니면 출신국의 문화 때문인지 알 수 없다고 했다. 또한 외국인 근로자들의 문화에 대해 이해할 수 없는 부분도 있고 소통이 안 될 때도 있지만, 참는 경우가 많다고 했다.

"우리 외국인 직원들은 일할 때 눈치는 비상해요. 그래서 일할 때는 문제가 발생하지 않아요. 하지만 회식할 때는 어떤 외국인 직원에게 약간의 문화적 차이를 느껴요. 왜냐하면 이들은 절대 건배하지를 않거든요. 어떤 이유에서 온 것인지 잘 몰라도 건배를 안 해요. 이상하죠. 술 안 마시는 것은 이해를 해요. 그것은 저도 들어서 알고 있거든요. '야 건배하자!' 하면 마지못해 하거든요."(연구참여자 B-04)

중소기업 경영자들은 외국인 근로자들의 언어적 소통을 배려하기 위해 자주 사용하는 단어를 공장 벽에 붙여서 이해를 돕고 있었다. 또한 이들이 직장문화에 잘 적응하지 못하여 갈등이 발생할 때에도 감정적인 부분을 달래며 가급적 서로 협력적인 분위기를 이끌어서 생산성에도 영향을 주지 않으려고 애쓰고 있었다.

2.
문화와 종교적 소통

상호문화소통은 자문화와 타문화가 접촉하는 과정에서 관계 맺기를 통해 발생하는데, 이때 타문화에 대한 지식이 없으면 그 문화는 물론 그 문화에 속한 타인의 성격 및 특성에 대해 제대로 이해하기가 쉽지 않다. 따라서 바람직한 상호문화소통을 위해서는 상대방의 문화뿐만 아니라 자문화에 대한 지식도 있어야 하며, 이 두 문화가 접촉하면서 발생하는 상호 문화 행위도 이해할 수 있어야 한다.

경영자들의 상호문화소통을 이해하기 위해 '문화와 종교적 소통'의 하위 범주인 "출신국별로 다른 문화도 소통하면서 존중해요", "닭고기 먹고 사이다로 건배해요"에 대한 주제를 살펴보았다.

1) 출신국별로 다른 문화도 소통하면서 존중해요

타문화권 출신의 외국인 근로자와 상호문화소통의 어려움으로 인해 직원의 입장을 배려하지 못하는 것으로 서로 충분한 상호작용을 하지 못하는 데서 기인한다고 볼 수 있다.

연구참여자 B-04는 외국인 근로자들이 식사 시간 또는 음식문화가 다른 점 등의 문제로 인해 근무시간이 늦어지고 식당이 지저분하게 되어서 힘들었다고 했다. 그럼에도 연구참여자 B-04는 시간이 지나면서 외국인 근로자와 같이 교육이라는 매개를 활용하여 상호작용을 시도했고, 이를 통해 점차 소통의 어려움을 극복하게 되었다.

> "이 친구들은 직접 요리해서 먹는 문화가 있는 것 같아요. (중략) 식사 시간이 근무에 지장을 주면서까지 많이 걸리고, 시간 개념도 없고, 지저분하게 식당을 사용하고, 정리가 안 돼서 정말 우리 생각으로는 아무리 문화가 다르다고 해도 이해가 어려워요. 이건 후진국의 형태가 아닌가 생각했어요. 지금은 교육을 하여 많이 나아지고는 있습니다만. 어떡해요, 문화의 차이에서 오는 거라고 생각하고 있어요."(연구참여자 B-04)

연구참여자 B-05는 생산현장에 있는 외국인 근로자들의 출신국이 모두 다르고, 또 출신국별 종교도 모두 달랐으며, 종교로 인해 문화적인 충돌도 발생한 적이 있어서 많이 힘들었다고 했다. 처음에는 감당하지 못해 이들에게 큰소리도 치고 윽박지르기도 했으나 지금은 회사를 위해 업무에 지장을 초래하지 않는 범위 내에서 대화를 통해 풀기도 하고 수용할 부분은 수용하는 방향으로 선회했다.

"외국인 근로자들은 출신국별로 종교가 다르기 때문에 어떻게 대해야 할지 잘 모르겠더라구요. 종교가 다르면 이들의 문화도 다르기 때문에 생활에 미치는 것도 달라요. 다 아시겠지만, 이슬람 애들은 기도 시간도 있잖아요. 처음에 이해할 수가 없었죠. 한국에 왔으면 한국의 법을 따라야 하는데, 애네들은 그렇지가 않아요. 할 수 없죠. 회사를 위해서는 이들의 문화를 수용할 수밖에 없죠. 그래서 지금은 업무에 지장을 초래하지 않는 한에서는 그대로 묵인하고 있어요."(연구참여자 B-05)

연구참여자 B-07은 회사에서 생산하는 물품이 상당히 청결을 요구하는 제품이라서 생산현장에는 항상 주변 정리가 잘되어 있어야 하는데, 제대로 되지 않아서 처음에 어려움을 많이 겪었다고 토로했다. 이것도 출신국에 따라 달라서 어떤 나라 출신의 외국인 근로자는 생산현장 주변을 깨끗이 정리하는 반면, 어떤 나라 출신의 외국인 근로자는 주변 정리를 전혀 하지 않아서 혼을 내기도 했다. 심지어 화장실 사용하는 것까지도 거슬렸지만, 이들도 회사에서 요구하는 바에 대해 점차 적응하고 있다고 했다.

"우리는 회사의 생산 제품이 청결을 요구하는 제품이라서 세심한 주의가 필요합니다. 따라서 근로자 각자가 청결해야 합니다. 깨끗하고 정리 정돈이 잘되어야 좋은 제품이 나온다고 항상 말합니다. 외국인 근로자들은 숙소나 회사에서도 정리 정돈을 잘 안 해요. 처음 와서는 심지어 화장실 좌변기에 쪼그리고 앉아서 일을 보는 경우도 있었어요. 정말 이해가 안 되었어요."(연구참여자 B-07)

상호문화소통을 위해서는 다른 문화를 인정하고 이해하는 것이 필수다. 전 세계가 점점 세계화·국제화되어감에 따라 한국의 중소기업에 유입되는 외국인 근로자들의 출신국도 다양해지고 있다. 다양한 문화적 배경을 지닌 사람들이 서로 접촉하는 과정에서 발생하는 오해와 갈등을 예방하기 위해서는 문화 간 훈련이 중요하다. 중소기업 경영자들은 스스로 문화 간 훈련을 통해 다양성을 수용하는 모습을 보여주고 있었다.

2) 닭고기 먹고 사이다로 건배해요

상호문화소통은 대인적 차원에서 사람들과 상호작용할 때 효과적이고 원활한 의사소통을 제공하는 경험이다(김영순, 2020). 연구참여자 B-03은 회사 업무를 떠나 동료 간 개인적인 만남을 자주 가지면서 원활하게 대화를 나누어야 회사 분위기도 좋아질 것으로 여기고 있었다. 그러나 실제 현장에서는 외국인 근로자들이 자국 출신의 근로자들끼리만 편협하게 어울려서 폭넓은 만남이 이루어지지 않고 있었다. 그런데도 이런 만남이 있고 난 다음 날에는 이전보다 훨씬 더 좋은 분위기를 느낄 수 있어서 자국 출신 근로자들끼리의 만남도 허용해주기로 했다.

"근로자들이 업무를 떠나 자주 만나서 대화도 하고 해야 서로 동료와의 관계가 좋을 것 같은데, 외국인 근로자들이 우리 회사 아닌 다른 회사에 일하는 외국인 근로자들을 만나서 끼리끼리 놀아요. 하지만 저는 그것도 좋다고 생각합니다. 자국 출신 외국인들을 만난 다음 날에는 이들의 기분이 좋아서 일해요."(연구참여자 B-03)

연구참여자 B-05는 한국의 회식문화에서 중요한 것이 술과 음식인데, 어떤 외국인 근로자들은 이러한 문화에 적응하기를 어려워한다고 했다. 그 이유는 종교적인 문제로 어떤 외국인 근로자들은 술과 돼지고기를 기피하기 때문이다. 이럴 경우, 연구참여자 B-05는 술 대신에 콜라나 사이다를 제공하고 음식도 돼지고기 대신에 닭고기나 생선을 권한다고 했다. 직장 내 회식을 통해 상호작용을 시도하고 있음에도 문화나 종교적 차이로 인해 소통의 어려움이 발생할 경우, 대부분 경영자가 외국인 근로자들의 요구를 수용하는 경향을 보였다.

"회식에서 서로 맛있는 음식과 술을 마셔가면서 대화를 나누어야 동료애를 느끼는 경향이 있습니다. 술을 마시지 않는 문화를 가진 외국인 근로자들에게 우리의 술문화가 좀 그렇죠. 이들이 한국 사람과의 회식을 어려워해요. 그러다 보니 서로가 소통할 기회가 없어지면서 가까워지는 기회가 적어지기도 하고 서로 소통을 이해하는 데 어려움이 많아요. 저는 술 대신 콜라나 사이다를 주고, 돼지고기 대신에 닭고기나 야채를 주고 난 후 건배합니다."(연구참여자 B-05)

중소기업 경영자들은 상호문화소통 영역에서 언어와 감정의 소통, 문화와 종교적 소통을 통해 외국인 근로자와 한국인 근로자의 문화적 ·

인종적 차이로 인해 발생할 수 있는 갈등을 해소하고, 협력과 생산성을 이끌어내고 있음을 알 수 있었다.

경영자들은 외국인 근로자도 우리 사회의 구성원이자 회사의 동료로서 소통에 참여할 것을 권하고, 상호존중을 통해 상호성의 균형을 유지해야 한다. 한국 사회에서 외국인 근로자와의 사회통합의 출발은 그들의 지위를 인정하고 공존을 전제로 외국인 근로자들의 문화를 수용하는 데 있다. 즉 외국인 근로자도 우리 사회의 구성원으로서 동등한 지위를 인정하고, 조직 및 사회 내에서 내·외국인 간 동료로서 상호소통이 이루어져야 이들과의 진정한 사회통합이 이루어질 수 있다.

3.
국가별 동료 간 협력

1) 공유하는 정보가 협력을 방해하고 있어요

중소기업 경영자들은 외국인 근로자들이 전화나 만남을 통해 타사에 근무하는 모국 출신 외국인 근로자들의 근무조건, 특히 임금 문제 등 다양한 정보를 공유함으로써 이러한 정보가 오히려 생산현장에 영향을 미친다고 했다. 따라서 경영자들은 이런 문제에 잘 대처해야 한다고 했다.

연구참여자 B-01은 주로 외국인 근로자들이 전화 또는 개인적인 만남을 통해 타사에 근무하는 외국인 근로자들과 정보를 공유하여 회사마다 차이가 있을 수 있는 근무조건이나 임금 문제 등을 서로 비교하면서 업무에 비협력적인 태도를 보이거나 시정을 요구하는 일이 많아진다고 했다.

"중소기업이 외국인 근로자를 쓰는 가장 큰 이유는 내국인 근로자가 일을 기피하기 때문입니다. 이제는 외국인 근로자들의 대우가 좋아지기 때문에 같은 조건이라면 차라리 좀 더 좋은 조건으로 한국인

근로자를 구하는 것을 고려해야 할 것 같습니다."(연구참여자 B-01)

연구참여자 B-04와 B-05는 모국 출신 외국인 근로자들끼리 정보를 교류하는 SNS 활동을 통해 주로 외형적으로 드러나는 회사 간의 근무조건을 비교하는 정보를 다루고, 이러한 정보를 가지고 사업장에 와서 권력을 행사하는 모습을 보이고 있다고 했다. 여기에 브로커도 가세하여 사업장을 이동하는 구체적인 방법이나 업무에 비협력적으로 대하는 태도 등을 지시받는 현상이 나타나고 있어 이에 대한 우려가 크다고 했다.

"이제는 근로자를 구하기가 어려워서 사업하기가 정말 힘들어요. 무인자동화 설비가 절실하나 어려운 여건에서 외국인 근로자라도 편하게 구하고 함께할 수 있으면 좋은데, (중략) 외국인 근로자들에게 잘못된 정보를 제공하는 브로커가 있는 것 같아요. 정말!"(연구참여자 B-04)

"예전과 달리 외국인 근로자들끼리 만나는 모임이 많아졌어요. 서로 정보를 공유하니까 좋은 현상이죠. 많은 정보를 공유하지만 반면에 회사 일에 협력하지 않고… 회사에 도움이 안 돼요. (중략) 외국인 근로자들에게 신경 써야 할 일이 더 많아졌어요. 나중에는 노조까지 만들지 않을까 걱정도 돼요."(연구참여자 B-05)

반면, 연구참여자 B-03은 외국인 근로자들이 모국 출신의 선배나 친구들과 교류하는 일은 업무 성과 면에서도 바람직하다는 긍정적인 견해를 나타냈다. 그는 외국인 근로자들이 정보 공유를 통해 한국 사회에 더

빨리 적응할 수 있고, 언어적 유창성도 기를 수 있으며, 업무와 관련한 노하우도 상호 교환할 수 있으므로 출신국이 같은 외국인 근로자 간의 협력을 잘 유도한다면 원활하게 생산 활동을 이끌어낼 수 있다고 했다.

> "외국인 근로자들은 출신국 및 각각의 성향, 동료와의 교류 등으로 정보 공유로 인해 나타나는 문제도 있지만, 이를 잘 활용하면 자기들끼리 단합하여 일을 더 잘할 수도 있습니다."(연구참여자 B-03)

연구참여자들은 외국인 근로자들이 모국 출신 선후배 및 동료들과 함께 모이거나 SNS 활동을 통해 잘못된 정보를 공유함으로써 임금 문제나 근무조건 등과 같은 갈등의 원인이 될 수 있다는 것에 우려를 나타냈다. 즉 잘못된 정보를 구실로 삼아 회사에 근로조건 조정 또는 임금 인상 등과 같은 압력을 행사하거나 집단 이탈 같은 여러 문제를 조장함으로써 생산 활동에 지장을 초래하는 일까지 발생할 수 있다는 것이었다.

반면, 외국인 근로자들의 모임이나 SNS 활동을 통한 정보 공유는 한국 사회 적응이나 언어 발달을 돕는 역할을 할 수 있고, 무엇보다 업무와 관련한 노하우를 상호 교환하는 계기가 될 수 있어 회사에 긍정적인 역할을 할 수 있다는 견해도 있었다. 경영자가 외국인 근로자들이 사적 모임이나 SNS 활동을 통해 어떤 정보를 공유하든 이를 막을 방법은 없다. 따라서 경영자들은 회사의 근로조건이나 임금 체계에 대한 명확성과 신뢰성을 기반으로 회사 내 같은 국가별 외국인 근로자 간의 협력을 유도하여 원활한 생산 활동을 이끌어낼 수 있는 지혜를 모아야 할 것이다.

2) 네트워크를 형성해서 요구만 늘었어요

　중소기업 경영자들은 외국인 근로자들이 모국 출신 선후배, 동료들과 함께 네트워크를 형성하여 긴밀히 접촉하고 있으며, 때로는 근무시간 이후에 어느 한 근로자의 숙소에서 대면 모임을 갖는 일도 흔하다고 했다. 대면 모임이 있는 날에는 네트워크를 통해 모국 출신 외국인 근로자들이 여러 명 함께 모일 수 있고, 풍성한 음식을 먹으면서 술을 마시기도 할 뿐만 아니라 심지어 서로 간의 의견 차이로 인해 싸움까지 일어난다고 했다.

　이러한 대면 모임은 그 후유증이 다음 날 생산현장에까지 영향을 미치는 경우가 있고, 이를 꾸짖게 되면 오히려 다양한 요구사항을 늘어놓으며 일을 지연시키는 사례도 발생하고 있어 이들에 대한 관리 문제에 상당한 어려움이 있다고 했다.

　연구참여자 B-01은 외국인 근로자들의 숙소가 주로 회사 내에 있는 경우가 많고, 그 숙소에서 문제가 자주 발생한다고 지적했다. 경영자가 근무시간 이후에 일어나는 외국인 근로자의 사적인 일까지 일일이 간섭하는 것은 문제가 될 수 있겠지만, 밤늦은 시간까지 숙소에서 함께 어울리면서 서로 간의 의견 차이로 분쟁이 발생하고 다음 날 근무하는 데까지 지장을 초래하는 일이 실제로 일어나기 때문에 어떤 대책을 마련해야 할지 걱정이 많다고 했다.

　　"제조 업종으로 불리는 이른바 '뿌리산업'에 속한 기업은 한국 근로자가 기피하는 일자리입니다. 단순 작업이기는 하지만 지방에서도 외곽에 있으니 더욱 일할 사람을 찾기가 어렵죠. 그래서 외국인 근로자를 고용할 때 반드시 숙소도 제공해야 하는 이유입니다. (중략) 퇴근 후, 휴일에 다른 회사에 근무하는 외국인과 회사 숙소에 모여서 밤새 파티하고 난리 치면서… 심지어 여성 외국인까지 함께하는데, 저러다가 무슨 일 생기지 않을까 불안불안합니다. 무슨 대책이 필요한데…."(연구참여자 B-01)

연구참여자 B-02와 B-05는 회사 내 외국인 근로자 숙소에서 주말 야간에 모국 출신의 외국인 근로자들끼리 모여서 대면 모임을 갖고 정보를 공유하는데, 이 부분에 문제가 많다고 어려움을 토로했다. 특히 연구참여자 B-05는 외국인 근로자들이 네트워크를 형성하고 대면 모임을 갖고 정보를 공유하는 것은 협업에 도움도 되지만, 가끔은 부정적인 거짓 정보를 중심으로 자신들의 세력을 결집해가는 모습이 눈에 띄기도 한다고 했다. 그는 어느 시점에서 외국인 근로자들이 노조를 결성하여 사소한 부분에까지 요구가 거세진다면 '뿌리산업'이 버텨내기에는 또 하나의 걸림돌로 작용할 수 있을 것으로 우려했다.

"우리 회사 외국인 근로자 숙소를 외부에 두자니 출퇴근 문제로 어렵고 여러 가지 사정으로 회사 내에 두었어요. 그런데 야간에 타 회사 외국인들과 자주 모여 말도 안 되는 정보가 오가고 건설적이지 못한 행동들이 자주 발생해요. 업무 외 시간이지만 회사 내에서 문제가 발생하면 회사가 책임에서 자유롭지 못할 것 같은 생각도 들고, 그렇다고 야간에도 휴일에도 관리자를 회사에 근무하게 할 수도 없고…"(연구참여자 B-02)

"외국인 근로자들이 퇴근 후 사생활 때문에 문제를 만들곤 해요.

요즘은 네트워크를 형성하여 많은 정보를 공유하면서 회사에 요구하는 것도 많아졌어요. 일만 잘 시키면 되는 것이 아니라 관리에도 신경 써야 하니 정말 힘들어요. 이러다가 외국인 근로자 노조가 생기는 것이 아닌지… 그래서 협업이고 뭐고, 우리 뿌리산업은 다 죽게 돼요…"(연구참여자 B-05)

반면, 연구참여자 B-03은 외국인 근로자들이 숙소에 머무르면서 문제를 일으킨 적이 없으며, 따라서 업무시간 이외에 이들의 사적인 생활을 관리할 필요도 없다고 했다. 또한 외국인 근로자들이 자신의 회사에서 힘든 일을 다 맡아서 하다 보니 한국인 근로자와의 일이 분리되어 마찰이 일어나는 일도 찾아볼 수 없고, 서로 간에 신경을 거스르는 일도 하지 않는다고 했다. 그는 오히려 같은 국가 출신의 외국인 근로자들이 서로 결집하여 네트워크를 잘 구축하게 되면 업무적인 유연성과 협업에도 도움이 된다고 했다.

"우리 외국인 근로자들은 모두 숙소에 머무는데, 말썽을 피운 적이 없어요. 모두 다 일을 마친 다음에는 숙소에서 쉬고, 주말에는 가끔 친구들이 찾아오는데, 조용히 놀다가 가는 것 같아요. 출신 국가에 따라 다르겠지만, (중략) 같은 나라 사람들이 모일수록 서로를 믿고 일할 때도 단합해서 더 잘하는 것 같아요."(연구참여자 B-03)

연구참여자들은 모국 출신 외국인 근로자들이 업무시간 이외에 서로 한 곳에 모여서 여가활동을 하는 것에 대해 다수가 부정적으로 생각하는 것으로 나타났다. 그 이유는 네트워크를 통해 모국에 대한 정보나 한국 생활에 적응하는 데 필요한 정보를 공유하기도 하지만, 때로는 부정적이고 거짓된 정보를 주고받으면서 이를 이용하여 회사에 불만을 제기하거나 요구사항을 늘어놓아 업무에 지장을 초래한다는 것이었다.

반면, 업무시간 이외의 여가에 업무 중의 스트레스를 조용히 해결하는 일부 외국인 근로자도 있는 것으로 나타났다. 연구참여자는 이들의 사적 모임이 오히려 활성화되기를 원하고 있었으며, 사적 모임의 활성화를 통해 업무의 효율성을 높일 수 있고 인간관계에서 신뢰를 형성할 수 있기 때문에 협업에 도움이 될 수 있다고 이야기했다.

4.
숙련근로자와의 협력

1) 숙련된 사람들을 장기채용해야 돼요

중소기업 경영자들은 대부분 외국인 근로자들이 생산현장에서 기술교육과 동시에 현장 경험을 쌓아가면서 숙련근로자가 되는 긴 과정을 거치기 때문에 이들에게 비자 연장을 통해 장기체류가 가능하도록 해야 한다고 주장했다. 경영자들은 숙련된 근로자를 지속적으로 채용할 기회를 제공받기 위해 외국인 근로자 정책의 변화를 기대하고 있었다.

연구참여자 B-01은 외국인 근로자들이 어느 정도 숙련근로자가 될 만하면 귀국해야 하기 때문에 일자리의 공백이 생기고 생산 효율성에 영향을 미친다고 이야기했다. 지금이야말로 법을 개정해야 할 시점이라고 강력하게 주장하면서, 현장 근로의 생산성 측면에서 숙련근로자의 장기채용이 반드시 필요하며 숙련근로자로 인정받은 근로자의 경우 10년 혹은 장기체류, 영구체류의 기회를 부여해야 한다고 했다.

"지금 우리나라 법에 3년으로 되어 있어요. 일을 제대로 할 수 있을 정도가 되면 귀국을 해야 되는, 물론 지금은 1회 연장이 가능합니다. 그래도 5~6년으로는 관리비용과 교육비용이 많이 들어가요. 또한 생산성 측면에서도 좀 부족한 상태입니다. 그래서 그 어느 정도 숙련된 사람들은 장기채용이 가능하게 법이 바뀌었으면 좋겠네요."(연구참여자 B-01)

연구참여자 B-04는 정부가 외국인 근로자를 채용할 수 있는 자격 및 기간에 대해 현실적인 요구를 직시하여 현행보다 확대해야 한다고 주장했다. 과거 중소기업과 달리 최근 생산현장에는 단순 근로자만 필요한 것이 아니라 숙련근로자의 수요가 증가하는 시점이라고 이야기했다. 따라서 이와 관련된 법 개정이 하루빨리 논의되어야 하며, 우선 다급하게 요구되는 숙련근로자의 수요를 충족하기 위해서는 위탁기관을 통해 교육과 훈련을 쌓은 이후 회사에 근무하도록 하는 방안을 검토해야 한다고 했다. 그는 숙련근로자의 채용 확대를 통해 회사와 외국인 근로자 간의 상생과 협력의 틀을 마련하는 데 기여할 수 있을 것으로 보았다.

"외국인 근로자 고용 절차가 너무 복잡하고 어려워요. 외국인 근로자를 수급할 수 있는 업종 및 체류 자격 및 기간을 중소기업 경영자들의 요구에 참고해야 한다고 생각하며, 우리 중소기업에서는 좀 더 숙련된 외국인 근로자가 필요합니다. (중략) 기술전문 교육기관에 일정 기간 위탁교육을 한 후, 기술자를 기업에 근무하게 하는 것도 좋지 않을까 생각합니다. 이렇게만 된다면 회사와 외국인 근로자들이 서로 상생과 협력의 구조를 이루지 않을까요?"(연구참여자 B-04)

반면, 연구참여자 B-07은 대기업의 협력업체로 일하게 되었을 때, 숙련된 외국인 근로자들과 함께 현장에 가고자 할 때 출입에 제한을 받는다고 했다. 외국인 근로자이지만 그 일에서 가장 숙련근로자이고 전문성을 가지고 있음에도 출입에 제한이 따르는 것을 보면, 현장에서 숙련근로자에 대한 장기체류를 요구하는 것에 대한 실현 가능성이 여전히 요원함을 느끼게 된다고 했다.

물론 언어적 소통이나 안전교육을 이유로 출입 제한에 대한 규정이 있다는 것은 이해할 수 있으나 외국인 근로자가 업무적으로 숙련근로자일 경우, 그 일의 협업 측면이나 효율성 측면에 고려하여 충분히 조율할 수 있는 상황임에도 출입 자체가 허용되지 않아 업무에 장애가 되고 있음을 지적했다.

> "외국인 근로자도 출신국, 개인차에 따라 눈치 있게 잘하는 사람은 잘합니다. 보통 오래된 외국인 근로자가 업무수행 능력이 뛰어납니다. 물론 오래 근무한 숙련공입니다. 그런데도 대기업은 외국인 근로자 출입을 허가하지 않습니다. 현장에 가서 작업을 진행하거나 준비하는 파견사원으로 불가피하게 외국인이 가야 할 때도 있는데, 외국인 출입 자체가 안 되는 대기업이 가끔 있습니다. 그렇다 보니 숙련공인데도 출장 한번 내보내지 못하고 항상 공장 근무만 하게 되는 거죠."(연구참여자 B-07)

연구참여자 B-07은 전술한 연구참여자 B-01, B-04와 같은 의견을 제시했다. 그는 외국인 근로자가 숙련근로자인 경우, 외국인 인력 법을 바꾸어서 장기체류를 허용하는 방향으로 변화되기를 희망하고 있었다. 숙련근로자들은 단순인력과 달리 생산현장에서 국가산업과 경제에 매우 중요한 축을 담당하고 있으며, 숙련근로자 한 사람이 단순인력의 몇 배의 효율성과 전문성을 가지고 있기 때문이라고 했다. 또한 숙련근로자는 외국인 근로자라고 할 수 없을 정도로 한국 근로자와 거의 같은 전문적인 인력으로서 능력을 발휘할 수 있기 때문이라고 했다.

> "지금 우리나라 외국인 근로자와 관련해서 3년으로 되어 있지요. 그러다 보니까, 일을 알 만하고 숙련공을 만들어놓고 제대로 할 수 있을 정도가 되는데 본국으로 가야 되는, (중략) 외국인을 한국인으로 받아들이는데 전문 기술자이며 국가에 도움이 되는 외국인은 된다는 뭐 그런 것도 있다고 하는데, 왜 외국인 숙련근로자는 안 되나요?"(연구참여자 B-07)

연구참여자들은 외국인 근로자를 고용할 때 외국인 근로자의 직무숙련 정도, 문화적응, 성실성과 근면성 등을 고려하고 있으며, 그중에서 다수의 연구참여자는 직무숙련 정도의 중요성을 강조하고 있었다. 과거 생산현장에는 단순근로자에 대한 선호도가 높았으나, 최근에는 단순근로자의 일자리가 자동화로 대체되면서 전문성을 지닌 숙련된 근로자와의 협업을 통한 효율성이 강조되어 그 수요가 증가하고 있다고 했다.

정부에서는 현장의 요구를 면밀히 분석하여 전문직 외국인 근로자 정책에 대해 관심을 기울여야 할 것으로 보인다. 또한 중소기업 현장에서 근무하고 있는 외국인 근로자들이 숙련근로자로 성장할 수 있도록 비자제도를 개선하거나 장기체류를 허용하는 방안, 그리고 체계적인 교육훈련과 장기채용이 가능할 수 있도록 하는 법제도 개편 요구에 귀 기울일 필요가 있다.

2) 단순근로에도 숙련근로자와의 협력이 필요해요

중소기업 경영자들은 정부가 외국인 근로자 정책을 단지 탁상공론식으로 제정하지 말고 직접 생산현장의 상황을 자세히 파악하여 좀 더 실질적인 정책이 될 수 있도록 해야 한다고 주장했다. 특히 외국인 근로자의 비자 문제는 근로현장과 직결되는 만큼 이 부분에 대해서는 생산현장의 요구가 반영되기를 원하고 있었다.

연구참여자 B-01은 외국인 근로자들이 기업에서 기술적인 측면에서 충분히 전문성을 연마하여 생산성을 높일 즈음에 무조건 모국으로 귀환해야 하는 과정을 경험하면서 개선되어야 하는 사항에 대해 불만을 제기했다. 회사로서는 아무리 단순근로라 해도 귀국하는 외국인 근로자들과 새로 들어오는 외국인 근로자들 간의 협력 부족으로 인해 많은 문제가 발생하기 때문이다.

"현장… 단순 반복하는 생산직인데, 막일이나 생산 보조하는 것도…. 회사에서 봤을 때 이것도 눈치 빠르고 일 잘하는 숙련공이 필요하단 말입니다. 막일을 하던, 뭘 하던… 하나의 조직이다 보니 손발이 맞아야 하는데, 한국 근로자들이 외국인 근로자와 협력하여 해야 하는데, 새로 들어와서 언제 일 배워서 한국 근로자들과 협력한단 말입니까? (중략) 만기 채워 들어가면 새로 받을 때까지 한 달이든 몇 달

이든 그 공백을 누가 메꿉니까? 세금 잘 내고 범죄 사실이 없으면 고
용하는 것이 절차도 간소화되어 행정 낭비도 적고, 이게 맞는 것이지
요."(연구참여자 B-01)

연구참여자 B-02는 연구참여자 B-01과 같이 외국인 근로자들이 보
통 숙련근로자가 되려면 시간이 필요한데, 어느 정도 숙련되면 외국인 근
로자의 비자가 만료되어 떠나가고 또 다른 새로운 외국인 근로자를 채용
할 때까지 시간과 경제적 낭비가 발생한다고 했다. 그는 아무리 단순근로
를 요구하는 생산현장일지라도 혼자 하는 일은 없으며, 한국인 근로자와
외국인 근로자들이 협력하여 일을 처리해야 하는데, 그런 점을 고려하지
않는 외국인 근로자 정책에 대해 국가적으로나 회사에 손해가 발생한다
는 점을 강력히 피력했다.

"단순근로라고 일을 혼자 하나요? (중략) 기간 됐다고 가고, 또 새로
운 사람 오고. 이건 낭비, 낭비라고 생각해요. 이건 현실성이 없는 거
있죠. 외국인 근로자 정책이라고 보면 이거 현장과 완전히 다른 정책
을 가지고 있는데, 국가가 발전되겠어요? 현실성이 떨어져 현실성이.
보통 일 배우는 데 1년 이상은 가야 하는데, 외국인 근로자들을 기껏
잘 가르쳐가지고 2~3년 하고 보내면…"(연구참여자 B-02)

연구참여자 B-04와 B-05 역시 정부가 외국인 근로자를 채용할 수
있는 자격 및 기간을 현행대로 유지한다면 문제가 발생한다는 점을 주장
하며 외국인 정책 자체에 대한 문제점을 지적했다. 더욱이 외국인 인력의
중요성을 강조하며, 그들이 없으면 제조업 자체가 무너진다는 강한 표현

도 드러냈다.

"외국인 근로자의 고용과 관련해서 절차를 간소화하고 외국인을
채용할 수 있는 업종, 체류 자격, 기간도 확대해야 돼요. 외국인력을
많이 받아들여서 제조업을 좀 더 활성화시켜야 하지 않겠어요? 외국
인 근로자들이 없으면 제조업 자체가 무너질 수 있어요. 이것은 정말
시급해요. 한국 애들은 하루 이틀 일하다가 그만둬요."(연구참여자 B-04)

"자기 나라에 갔다가 오는 기간이 3개월. 그 기간이 우리한테는…
그렇다고 해서 다른 외국인 근로자를 또 쓸 수도 없고, 오는 것은 확
실하니까. 공백 기간 그런 애로점이 있죠. 자리를 비워둬야 하니까. 그
러다 보니 임시적으로 대체하기는 하는데, 생산 원가는 원가대로, 제
품 품질에도 문제가 많아요. 그 기간 동안… 낭비가 많아요."(연구참여자
B-05)

연구참여자들은 보통 단순근로력이 필요하다고 인식하는 생산현장
에도 숙련공이 필요하다는 점을 강조했다. 수년 동안 숙련된 근로자들을
양성하여 한국인 근로자들과 협력적으로 생산 활동에 참여하다가 기간
만료를 이유로 회사에 공백을 초래하고 있으며, 새로 들어오는 근로자를
다시 교육하여 현장에 투입해야 하는 실효성 없는 정책을 지적하면서 개
선을 요구했다.

5.
지역사회와의 연대

1) 사회단체와 지인을 통해 문제를 해결해요

중소기업 경영자들은 최근에 외국인 근로자들이 모국 출신의 선후배, 동료, 지인들과 협력하거나 다양한 사회단체나 시민단체들과 연대하여 자신들의 불만사항이나 요구사항들을 해결해나가는 것을 목격하고 있다고 했다. 외국인 근로자들의 연대가 회사 측면에서 나쁘지만은 않다고 했다.

연구참여자 B-01은 외국인 근로자 중 한 명이 모국 친구와 함께 회사에 찾아와서 그 친구의 가족들이 본국에서 어려운 상황에 처해 있다고 하면서 재정적인 도움을 요청했다. 경영자로서 직원 친구의 딱한 처지를 듣고 경제적으로 지원해주었다고 했다. 한국말이 어려운 외국인 근로자들이 혼자서 문제를 해결할 수 없을 때 자신을 지인으로 생각하고 찾아온 것에 대해 도움을 주긴 했으나, 이들이 문제를 해결할 수 있는 단체가 있으면 좋을 것 같았다.

"말없이 회사 일을 잘 알아서 처리하는 외국인 근로자 중 한 명이 어느 날 모국 출신 친구를 회사로 데려왔었어요. (중략) 착하고 회사 일도 잘하고 해서 해결해주었습니다. 그날 이후 더욱 열심히 일하는 것을 보면 나도 기분이 좋았어요. 요즘은 이 친구를 볼 때마다 '서로 좋은 인연으로 남았으면 좋겠다'라고 생각합니다. 어려운 근로자들이 도움을 주고받을 수 있는 사회단체가 있으면 좋을 것 같아."(연구참여자 B-01)

연구참여자 B-03은 회사에 근무하는 외국인 근로자 중 한 명이 자신의 친구를 데리고 와서 일자리를 부탁한 적이 있다고 했다. 당시 그 친구는 한국말을 아주 잘하는 친구로, 일자리를 찾는 방법을 몰라서 회사로 데리고 온 것이라 했다. 연구참여자가 만나본 결과 한국말을 워낙 잘하는 친구라 함께 일하면 좋을 거라고 생각하고 자리가 생기면 연락해주기로 했다고 했다. 이처럼 외국인 근로자들이 한국에서 생활하면서 경제적인 문제나 일자리 문제로 인해 도움이 필요한 경우, 그 해결 방법으로 가장 먼저 지인을 찾는 것으로 보였다. 연구참여자는 이런 경우를 대비하여 사회단체의 역할이 강화되어야 하고, 외국인 근로자들도 사회단체와의 연대가 필요하다고 주장했다.

"외국인 친구들 중 지금까지 누구를 데려와서 자신의 요구사항을 말한 적이 없었는데, 어느 날 친구를 데려와서 이 친구가 한국말을 잘한다고 여기에 취업하면 안 되냐고 했어요. (중략) 한국말 잘하는 친구와 함께 근무하면 나도 좋지요. 한국인 직원들과도 서로 소통이 잘되니까요."(연구참여자 B-03)

반면, 한국어가 서툰 외국인 근로자들은 스스로 자신의 요구사항을 전달하지 못하고, 다문화가족지원센터나 교회 관계자를 앞세우고 회사에 와서 대신 이야기하도록 한다고 했다. 연구참여자 B-04는 외국인 근로자를 도와주는 사회단체에서 이중언어를 구사하면서 외국인 근로자의 입장을 대신 전달할 때 외국인 근로자 쪽의 이야기나 회사 쪽의 이야기가 정확하게 전달되어 문제를 빠르게 해결할 수 있었으며, 사회단체의 중요성을 강조했다.

또한 연구참여자 B-07도 회사에서 성실하게 근무하던 외국인 근로자가 교회단체에 찾아가서 지신의 문제를 이야기하고 이어서 목사와 함께 회사에 와서 도움을 요청한 적이 있었는데, 사실의 진위를 쉽게 파악하고 필요한 도움을 주어 문제를 해결한 적이 있다고 했다. 이 일을 계기로 외국인 근로자와 인간적으로 더 친하게 지내고 있다고 했다.

"우리 회사에 외국인 근로자 중 한국어가 서툰 외국인 근로자들이 몇 명 있습니다. 그들은 무슨 문제가 발생하면 한국말이 통하지 않아서 다문화가족지원센터나 교회 관계자와 함께 회사에 왔습니다. (중략) 즉각적으로 소통이 되지 않아 불편한 점도 많았는데… 외국인 근로자들한테 꼭 필요해요. 사회단체의 역할이 중요해요."(연구참여자 B-04)

"회사에 2년 정도 근무한 외국인 근로자가 있는데, 이 친구는 한국말이 서툴러요. 어느 날 교회 목사님과 함께 회사에 온 적이 있었어요. 목사님이 '이 친구가 우리 교회에 다니는데 울면서 저에게 통역을 해달라'고 부탁했어요. (중략) 그전까지 이 친구의 가정사를 전혀 몰랐어요. 그래도 교회에 찾아간 것이 기특했어요. 문제를 해결해주고 나서 그 후로 말은 잘 안 통하지만 서로 친하게 지내고 있어요."(연구참여자 B-07)

연구참여자들은 외국인 근로자들이 자신을 지인으로 생각하고 직접 찾아와서 개인적인 어려움에 대해 도움을 요청하는 경우, 그리고 사회단체를 찾아가 자신의 상황을 이야기하면서 문제를 해결할 수 있는 중간 역할을 부탁하는 경우 등을 경험하고 있었다.

외국인 근로자들은 회사의 경영자와 같이 평소 알고 지내는 지인을 찾아 어려움을 호소하거나 사회단체를 찾아 중간 역할을 부탁함으로써 문제를 해결하고 있었다. 이러한 방법은 개인의 기본적인 권리를 지키고자 할 때나 다급한 문제해결 및 목표를 이루기 위해 활용하는 작은 단위의 연대로 볼 수 있다.

2) 지역사회와 연대하고 자문화를 홍보할 기회 줘요

중소기업 경영자들은 외국인 근로자들에게 자국민의 행사에 참석하라고 권장하고 있었다. 왜냐하면 자국민의 행사에 참석하는 외국인 근로자들은 생산현장에서 성실할 뿐만 아니라 한국인 근로자와 유대관계도 잘 형성하기 때문이다.

연구참여자 B-02는 매년 다문화가족지원센터에서 진행하고 있는 사업 중 외국인을 위한 김장지원사업을 후원하고 있었다. 다문화가족지원센터에 후원하고, 그곳에서 만든 김치를 회사에 근무하고 있는 외국인 근로자들에게 나누어주며, 한국 문화에 대한 이야기도 해주고 있었다.

또한 매년 이 센터에서는 각 나라의 문화행사도 개최하고 있는데, 연구참여자는 회사에 근무하고 있는 외국인 근로자들에게 문화행사에 참여할 기회를 주어 자문화에 대한 자부심을 드러낼 수 있도록 했다. 중소기업 경영자가 지역사회와 연대하는 모습을 통해 외국인 근로자들에게 선한 영향력을 끼치고 있는 모습이라 할 수 있다.

> "우리는 해마다 외국인을 위한 김장지원사업에 후원하고 있습니다. 다문화가족지원센터에서는 외국인들에게 김장을 해서 나누어주는데, (중략) 그 센터에는 외국인 근로자뿐만 아니라 결혼이주여성도 있어서 각 나라의 문화행사를 개최한다고 해요. 자문화에 자부심이 강한 외국인 근로자들은 그 행사에 반드시 참석해요. 이 행사를 통해 자국의 문화를 한국인에게 홍보할 수 있는 기회가 생기니까요."(연구참여자 B-02)

연구참여자 B-04는 매달 개최되는 외국인의 날 행사에 회사 외국인 근로자들에게 꼭 참석하라고 권장하고 있었다. 그는 외국인 근로자들에게 지역사회와의 연대에 참가하여 역동적으로 활동할 수 있도록 기회를 부여하는 것도 하나의 직원 복지 개념이라 했다. 그리고 이런 행사에 참석하는 외국인 근로자들은 회사 일에도 성실하다는 믿음을 가지고 있었다.

> "매월 열리는 외국인의 날 행사에 우리 외국인 직원을 참석하라고 권장하고 있습니다. (중략) 이 직원들은 한국에서 열리는 자국의 홍보

에 대해 많은 호기심을 보입니다. 그곳에는 고국에 대한 새로운 이야기와 한국에 거주하는 지인들의 소식도 듣는다고 합니다. 이런 행사에 참여하는 외국인 직원들은 회사의 일에도 성실한 편입니다."(연구참여자 B-04)

연구참여자 B-06은 과거에는 외국인 근로자들이 자국의 문화행사에 관심이 없었으나 최근 몇 년 사이에 고용된 외국인 근로자들은 자국의 문화행사나 축제에 대해 관심이 커졌다고 했다. 처음에는 외국인 근로자들이 다른 곳에 관심을 갖지 말고 자신의 회사에서 일만 잘했으면 좋겠다고 생각한 적도 있었다. 하지만 외국인 근로자들이 지역사회와의 연대를 통해 문화행사나 축제에 참여한 이후 더욱 열심히 일하는 모습을 보고, 앞으로 이들이 다른 외국인 단체나 지방자치단체와 연대 가능성까지 예측하면서 더욱 확장된 생각을 하고 있다고 했다.

또한 연구참여자 B-07은 회사에 근무하는 외국인 친구들이 다문화가족지원센터처럼 국제결혼여성들이 많이 다니는 곳에는 가지 않는다고 했다. 하지만 지방자치단체가 공식적으로 후원하는 행사에는 빠짐없이 참여한다고 했다. 이 행사에는 자국 홍보를 위해 다른 나라의 단체들도 참여하기 때문이었다.

"지방자치단체에서 주관하는 다문화 축제에 예전에는 외국인 근로자들은 거의 관심이 없었는데, (중략) 요즘에 고용된 외국인 근로자들은 전혀 달라요. 이런 행사를 통해 다른 단체와 연대할 수 있다는 것을 알게 된 것 같아요. 돈을 벌기 위해서 일만 하는 것이 아니라 자국에 대한 자부심이 강해지고, 삶을 아는 것 같아요."(연구참여자 B-06)

"외국인 근로자들은 국제결혼 한 여성들이 많이 다니는 센터에는 가지 않으려고 해요. 이상하죠? (중략) 공식적으로 자국 문화를 홍보하는 행사에는 잘 가요. 공식적인 행사에는 지방자치단체가 후원하는 다양한 단체들이 참여하거든요. 그런 데 가서 다른 나라 출신 외국인과 만나서 재미있게 지내라고 이야기해요."(연구참여자 B-07)

6.
자조모임과의 연대

1) 향수를 달래기 위해 자조모임을 권유해요

    중소기업 경영자들은 외국인 근로자들이 고향 친구들과 자조모임을 가질 경우, 고향에 두고 온 가족에 대한 그리움이 사라질 것으로 보고 이러한 모임에 지속적으로 참여하고 연대할 것을 권장하고 있는 것으로 나타났다.

    연구참여자 B-02는 회사에 근무하는 외국인 근로자가 모국 출신 지인들이 다니고 있는 자조모임에 참여하여 한국어도 배우고 고향 음식도 만들어 먹는 등 고향 사람들과 소통하면서 그리움을 해소하는 모습을 본 적이 있었다. 이후 외국인 근로자들에게 모국 출신 지인들이 다니는 자조모임에 적극적으로 나갈 수 있도록 지원한다고 했다. 자조모임에 참여하는 외국인 근로자들은 대부분 회사 일도 더 열심히 하기 때문이라고 했다.

    "외국인 근로자 중 몇 사람은 정기적으로 한국어를 배우러 간다고 하지만, 그곳에 모국 출신 외국인들이 있어서 자주 간다고 합니다. 그곳을 다닌 후부터 외국인 친구들이 숙소를 자주 방문하기도 하더군요. 낯선 한국에서 무척 외로웠던 것 같아요. 그 후로 이 친구가 활발해 보였어요. 내 생각에도 이런 모임이 자주 있었으면 좋을 것 같아요. 그래야 회사도 도움이 될 것 아닙니까?"(연구참여자 B-02)

연구참여자 B-03은 외국인 근로자 중 교회에 다니는 직원이 있는데, 예배가 목적이 아니라 예배 후 모임에 관심이 더 많아서 간다고 생각하고 있었다. 그는 외국인 근로자들이 연대할 수 있는 모임이 활성화되어 낯선 한국 땅에서 동병상련을 경험하는 외국인들이 한자리에 모여 향수를 달랠 수 있기를 바라고 있었다. 연구참여자 B-04 또한 외국인 근로자들이 주말마다 모국 출신 친구들과 전철을 타고 다른 도시에 있는 자조모임에 자주 간다는 사실을 알고 있었고, 이를 통해 모국에 대한 그리움을 달래고 심리적인 안정감을 느낄 수 있기를 바라고 있었다.

"모국에서는 종교가 없었는데 모국 출신 친구와 함께 한국에 와서 처음으로 교회를 다니게 되었다고 하더군요. 그 교회에서는 예배 후에 외국인만 따로 모임을 갖는다고 합니다. 그 모임에는 다른 나라 출신 외국인들도 많이 참가하고 있는 것으로 알고 있어요. 이국땅에서의 외로움을 서로 달래기 위해 모이는 것 같아요. 타향살이에 서로가 힘이 되는 이런 단체가 많았으면 좋겠어요."(연구참여자 B-03)

"주말에 가끔 다른 회사에 다니는 외국인 친구들과 다른 도시에 가서 모임을 하는 것 같아요. 그 친구들하고 전철을 타고 그곳에 가서

하루종일 놀다가 와요. 그것으로 스트레스를 풀기도 하고, 고향 친구
들과 함께라면 고향에 대한 그리움이 사라지지 않을까요?"(연구참여자
B-04)

연구참여자들은 한국에 거주하는 외국인 근로자는 가족을 떠나 홀로
한국에 입국하여 근로현장에 있는 경우가 대부분이기 때문에 친구나 지
인 같은 사회적 연대가 중요하다고 했다. 외국인 근로자들이 모국 출신의
친구나 지인들과 자조모임을 통해 사회적 연대를 형성할 경우 정서적 안
정뿐만 아니라 소속감을 강화시켜 업무의 효율성도 높여주는 것으로 이
야기했다.

2) 자국민과의 연대에는 동호회가 일조해요

중소기업 경영자들은 외국인 근로자들이 타 회사에 근무하는 외국인
동료들과 운동 등의 동호회를 통한 자국민과의 모임을 긍정적으로 생각
하고 있었다. 연구참여자 B-02는 회사에 근무하고 있는 외국인 근로자들
이 자국 출신 동료들과 동호회 모임을 가짐으로써 건강하게 생활하면서
회사 생활에도 성실하게 임하고 있다고 했다.

연구참여자 B-03도 연구참여자 B-02와 같이 외국인 근로자들이 자
국뿐만 아니라 타국 출신의 외국인 근로자들과도 적극적으로 동호회 활
동을 하기를 원하고 있었다. 그는 외국 생활 중에 모국 출신 자국민과의
연대는 힘든 생활을 해소시키는 데 긍정적으로 기여할 수 있으므로 운동

이외에 이들이 참여할 수 있는 다양한 모임이 더욱 활성화되었으면 좋겠다고 했다.

"축구를 좋아하고 잘하는 외국인 근로자는 축구로 인해 모국 출신 외국인들과 자주 만난다고 합니다. 축구 동호회를 하면서 이 친구가 굉장히 활발해 보였어요. 내 생각에도 이런 동호회가 많이 있었으면 좋을 것 같아요. 그래야 회사 생활도 활발하게 잘하는 것 같아요"(연구참여자 B-02)

"우리 회사에도 외국인 근로자들은 회사 마당에서 수시로 미니축구를 합니다. 단체 게임이 묘하게 팀끼리 자연스럽게 연대를 강화할 수 있어요. 다른 나라 출신 외국인들과 함께하는 것으로 알고 있어요. 타국에서 서로가 힘이 되어주지 않겠어요?"(연구참여자 B-03)

연구참여자 B-04는 외국인 근로자들이 주말마다 모국 출신 동료들과 함께 회사 제품을 쌓아두는 마당 한편에서 족구팀을 만들어서 족구를 한다고 했다. 이들은 역동적인 족구를 통해 업무로 쌓인 스트레스를 해소하고, 족구가 끝난 이후 함께 음식을 만들어 먹으면서 정보도 공유하는 등 자국민과 교류하는 모습을 보였다. 자국민과의 연대에 동호회가 큰 역할을 하고 있는 것을 알 수 있었다.

"함께 일하는 외국인 동료 근로자와 족구팀을 만들어 수시로 회사 마당에서 족구로 자국 근로자들과 연대하며, 문화가 다른 회사 생활에 적응하는 데 일조한다고 생각합니다."(연구참여자 B-04)

연구참여자 B-06은 외국인 근로자 중 한 달에 한 번씩 정기적으로 축구 동호회에 참석하는 직원이 있다고 했다. 그는 외국인 근로자가 참석하는 축구 동호회를 알아내서 재정적으로 도움을 줄 방안도 고려하고 있었다. 그 이유는 이러한 모임이 직원들의 복지 차원에서도 필요하고, 모임의 지속성을 유지하기 위해서라도 지원이 필요하다고 했다. 무엇보다 외국인 근로자가 축구를 하면서부터 자신의 건강을 열심히 챙기면서 회사 일에도 더욱 최선을 다하는 모습을 보여주고 있기 때문이라고 했다.

"외국인 근로자 중에 축구 모임을 갖는 것으로 알고 있습니다. 업무 스트레스를 운동으로 푸는 것 같아요. 축구하고 난 후에 모국 출신 지인들과 식사도 함께하면서 고향에 대한 향수를 잊는 것 같습니다. 좋은 현상이죠. 건강도 지키고 고향의 향수도 달래고 회사 일도 적극적으로 하는 것 같습니다. 회사에서도 복지 차원에서 이런 활동을 지속할 수 있도록 재정적으로 지원하려고 합니다."(연구참여자 B-06)

외국인 근로자들은 모국 출신 친구나 지인들과 함께 동호회를 통해 사회적 연대에 참가할 경우 업무적인 피로감을 해소할 수 있는 시간이 되기도 하지만, 무엇보다 공감대를 형성할 수 있는 사람들과 심리적 안정감을 느낄 수 있는 긍정적인 기회가 되고 있었다. 이러한 관점에서 중소기업 경영자들도 외국인 근로자들이 지역사회와 연대하고, 모국에 대한 향수를 달랠 수 있는 자조모임에 적극적으로 참여하도록 권유하고 있었고, 외국인 근로자들도 다양한 자조모임을 통해 긍정적인 에너지를 충전함으로써 회사에 복귀하여 이전보다 더 성실하게 일하고 있는 것을 알 수 있었다.

6장

외국인 근로자에 대한
한국인 근로자의 시선

1.
다문화 근로시장의 확대

세계화로 인한 빈부 격차 등의 문제와 집단 간의 분쟁 및 생활의 어려움으로 고향을 떠나 더 나은 삶의 터전을 위해 국제 간 이동은 계속 이어지고 있다. 한국 사회도 고령화 사회로의 진입과 저출산 문제 등으로 인해 노동력 부족 현상이 계속되고 있는 현실이다. 그런 가운데 많은 외국인 근로자와 결혼이민자 등의 근로자들이 중소기업을 중심으로 소위 '3D' 업종에 종사하고 있다. 또한 많은 다문화가정 자녀들이 근로시장에 진입할 경우, 한국의 근로시장은 다문화 사회로 가속화될 것으로 예측된다.

한국은 1988년 올림픽 이후 외국인 기술 산업연수생제도 도입 이래 외국인 근로자를 계속 받아들이고 있다. 이러한 가운데 외국인 근로자의 근로력이 집중되고 있는 한국 중소기업의 근로현장에서 근로력 부족은 외국인 근로자의 지속적인 확대에도 불구하고 더욱더 가속화되고 있다. 특히 뿌리산업 분야의 제조라인을 보유한 생산직과 농업현장에서 외국인 근로인력이 절실히 필요한 상황이다.

이와 같이 한국은 제조 생산직 근로자의 인력난 해소를 위해 산업연수생제도를 실시하여 공식적으로 외국인 근로자의 유입이 시작되었다. 외국인 근로자들은 본국과 완전히 다른 환경에서 언어 문제로 인한 의사소통의 어려움과 이민자로서의 외로움, 또한 외국인 근로자에 대한 차별적 태도와 인식 등으로 많은 어려움을 겪고 있다. 이렇게 외국인 근로자들이 증가하고 있는 한국의 현실에서 생산직 외국인 근로자에 관한 다문화 수용성은 여전히 낮은 편이다. 외국인 근로자에 대한 국민의 다문화 수용성이 매우 저조하지만, 현재 외국인 근로자는 제조업 분야에서뿐만 아니라 농업, 어업, 축산업 등 여러 분야에서 중요한 근로력이 되고 있다. 이들은 한국인 근로자가 하지 않는 힘든 분야에서 나름의 역할을 담당하고 있을 뿐만 아니라 저임금과 성실한 태도, 장시간 근로 가능 등의 이유로 현장에서 이들의 수요는 증가하고 있다(임춘희, 2016).

그동안 외국인 근로자에 대한 많은 연구가 진행되어왔다. 그러나 이들과 함께 근무하는 한국인 근로자들도 근로현장에서 많은 갈등과 어려움 등을 겪고 있는 실정이다. 그럼에도 이들과 함께 근무하는 한국인 근로자들의 갈등과 어려움에 관한 연구는 전무한 실정이다. 따라서 본 연구에서는 근로현장에서 이해 당사자인 외국인 근로자와 함께 근무하는 한국인 근로자의 문화적 갈등과 어려움 등을 파악하고자 한다.

외국인 근로자에 대한 한국인 근로자의 이해와 배려가 있어야만 생산성이 향상되리라는 것은 자명한 일이다. 그렇기 때문에 본 연구에서는 근로현장에서 외국인 근로자와 한국인 근로자의 언어소통 문제와 변화되어야 하는 조직문화에서 직장 내의 인간관계 형성 및 상호 의사결정 시 문화적 차이점으로 발생하는 여러 가지 문제점들을 도출하고자 한다. 이를 통해 외국인 근로자와 한국인 근로자가 상생할 수 있는 기업의 효율적인 운영 방안을 제시하고자 한다.

2.
다문화감수성과 문화갈등

다문화감수성은 크게 보아 다문화 인식의 일종이다. 다문화 인식이 란 현재 사회 구성원들이 살아가면서 만나는 그룹 간에 존재하는 인종, 민 족, 문화, 언어, 종교 등의 그룹 간 차이를 포용하는 수준을 말한다(Banks, 2008). 장인실 · 유영식(2010)은 다문화에 대해 인지적 · 정의적 · 행동적 측 면 요소를 함께 갖출 수 있는 상태를 '다문화 인식'이라 했고, 다문화 인식 이 높을수록 다문화 사회에서 나타나는 여러 현상을 이해하고 공감할 수 있으며, 이에 따른 적합한 행동을 할 수 있다고 했다. 또한 자신과 출신지 가 다르거나 문화적 배경이 다른 사람과 자신의 차이를 이해하는 것을 다 문화 인식이라 했다(김명희, 2009). 사회 구성원 내에서 다양한 문화가 존재 하고 있음을 이해하는 것으로, 다문화에 대한 인식이 높으면 나와 다른 문 화를 가진 개인이나 집단에 대해 긍정적으로 파악하며 존중하고 인정하 는 경향을 보인다(강준혁, 2012).

원숙현 외(2016)는 다문화 인식을 "문화적 다양성에 대한 이해를 비롯 하여 자신이 지닌 가치와 생각이 다른 문화권의 사람들에게 이르는 영향에 대한 감성"이라 정의한다. 또한 다문화 인식은 다문화 역량의 또 다른 요지인 다문화 지식과 기술을 연계하는 중심 역할을 한다고 본다. 이와 같이 다문화 인식은 우리가 존재하고 있는 사회 안에서 다양한 그룹이 지니고 있는 서로 다른 문화를 인지하며, 서로 다른 문화적 배경의 차이를 깨달아 존중하는 것이라 할 수 있다. 다문화 인식 수준이 높다는 것은 다른 문화를 이해하고 존중하며 가치를 인정하여 수용할 수 있는 능력이 크다고 할 수 있다. 또한 다문화 인식은 지식수준이나 행동을 통해서만 알 수 있는 것이 아니라 인지적, 정의적 그리고 행동적 영역을 하나로 하는 개념이라 할 수 있다.

다문화 인식과 관련하여 다문화감수성이란 "문화적 지식, 신앙, 예술, 도덕, 법률, 관습 등 사회 구성원으로서 사람이 얻은 모든 능력과 습관을 포괄하는 것"이라 정의했다(Tylor, 1871). 이는 현대사회에서 모든 인간에게 필요한 것으로 다른 문화를 가진 사람들을 존중하는 태도와 신념, 더나아가 행동에 이르게 하는 것이다(김정덕 외, 2011). 또한 이것은 서로 다른 문화적 · 인종적 배경을 가지고 있거나 몇 개의 문화가 공존하는 현장에서 효과적으로 활동할 수 있는 능력이며, 어떤 고정관념에도 얽매이지 않고 상대방의 입장에서 문화적으로 공감할 수 있는 능력과 태도로서 다문화 사회에서 서로 다른 문화적 관점을 존중하고 문화적 지식을 가지기 위한 문화적 지각과 문화적 민감성이다(임다래, 2016). 하지만 단순히 민감성이나 인식, 태도만으로 한정 지어 개인의 행동양식에 변화를 가져오지 않는다면, 다문화감수성 자체에 한계가 있을 것이므로 자신의 고정된 사고와 편견을 변화시키려고 노력하여 사고의 틀을 변화시키고 행동에 이르기까지 실제로 실천할 수 있는 지향점이 필요하다(정윤희, 2013).

다문화감수성을 지닌 개인은 대체로 높은 자아존중감을 지니며, 사회적 상호작용을 할 때 자신의 사회적 행위가 상황에 적절하고 민감했으며, 타인에 대해 개방적이고 뛰어난 감정이입 능력과 참여적 상호작용 능력을 지녔다(오숙, 2016). 다문화감수성은 문화 간 의사소통 능력과 깊은 관련이 있으며, 문화와 문화 사이, 인종과 인종 사이, 민족과 민족 사이 또는 동일한 문화권 안에서의 이질 집단 간의 의사소통이며(유종열, 2011), 다른 사람들과 의사소통할 때 문화 간 차이를 이해하고 수용하고 존중하고자 하는 감성적 욕구가 다문화감수성이다(김정윤, 2014).

다문화적 소통을 효율적으로 하기 위해 개인이 갖추어야 할 능력은 문화적 차이를 인식하는 민감성과 문화적 차이를 존중하는 정서적 태도이며, 이러한 정서적 태도가 바로 다문화감수성이다(김옥순, 2008). 다문화감수성에 대한 개념이 연구자에 따라 다르게 정의되고 있지만, 나와 다른 문화를 가진 사람과의 차이를 인정하고 이를 받아들이는 정도라는 공통의 속성을 가지고 있다(이철현, 2013).

이 장에서 다문화감수성은 나와 다른 문화를 가진 사람들과 함께했을 때 의사소통이 이루어지고, 문화적 개념에서 대처할 수 있도록 문화의 차이를 인식하고 존중하는 정서적 대비 상태의 예민한 정도를 말하는 것, 즉 타문화를 인식하고 존중하는 태도 및 행동이라고 할 수 있다.

다문화 사회의 문제는 문화적 차이뿐만 아니라 외국인에 대한 오해, 편견, 차별 등으로 인해 이주자와 내국인이 서로 불신하면서 이질감을 느끼기 때문에 발생한다. 또한 갈등은 이주자의 욕구와 내국인과의 이해관계가 상충할 때 발생하기도 하고, 가족 내에서의 이해 부족에서 일어나기도 하며, 이주자에 대한 인종차별과 임금차별에서 나타나기도 한다(김판준, 2013).

이와 같은 문화적 갈등의 이면에는 역사적으로 일반화된 외국인 혐오(xenophobia)의 영향이 자리할 수 있다. 한국의 경우, 외국인 근로자들이 유입되면서 자국민보다 가난하고 약한 사람들에 대해 가하는 공격적이고 억압적이고 무시하는 외국인 혐오증이 조성되었으며, 이를 극복하기 위해서는 다문화에 대한 인식개선과 지속적인 다문화교육이 이루어져야 한다는 지적도 있다(김수재, 2008). 하지만 인식개선과 교육보다 우선되어야 할 사항은 내국인과 외국인 근로자의 사회통합을 위해 외국인 근로자의 삶과 근로현장에서의 갈등이 무엇인지를 그들의 입장에서 밝혀내는 것이다.

구경회 · 송준호(2011)는 갈등을 다음과 같이 다섯 가지로 구분했다. 첫째, 갈등은 상호작용에 의해 발생한다. 갈등은 어느 개인이나 집단이 다른 개인이나 집단에 의해 어떤 일을 방해받거나 좌절시킬 때 발생한다. 둘째, 갈등은 적대적인 감정에 의해 발생한다. 갈등은 서로 첨예한 대립적인 행동을 취하게 된다. 셋째, 갈등은 기대나 목표 차이에서 발생한다. 개인이나 집단은 기대하는 목표가 있으며, 이 목표지향적인 행위가 타인에 의해 좌절되거나 좌절시킬 때 갈등이 발생한다. 넷째, 인간 삶의 한 과정이다. 지구상의 인간이 살아가는 데 여러 가지 요인으로 인해 갈등이 발생할 수밖에 없다. 다섯째, 갈등은 지각할 때 나타나는 현상이다. 갈등은 대립적인 행동이나 표면적으로 나타나지 않더라도 어느 한쪽이 문제를 지각하면 바로 나타난다. 그러므로 본 연구에서는 외국인 근로자와 함께 근무하는 한국인 근로자의 특성상 개인적인 갈등과 개인 간 갈등, 그리고 조직 내의 갈등 등을 사례연구를 통해 살펴볼 것이다.

3.
개인과 개인 간 문제

1) 개인적인 문제

근로현장에 외국인 근로자들이 근무하면서 처음 경험하는 개인적인 어려움은 문화와 피부색 등이 다른 외모와 생활 습관, 혐오 및 다문화감수성의 부족에서 오는 소통에 따른 스트레스 문제였다.

(1) 외국인에 대한 편견

한국인 근로자들이 근로현장에서 경험하면서 나타나는 문제 중의 하나는 피부색과 외모에서 오는 문제가 자리하고 있다. 외국인 근로자들과 함께 근무하는 한국인 근로자들은 외국인에 대한 편견 문제를 가장 큰 요인이라고 주장했다.

"그들은 외국인, 외모가 달라 선입감을 가지고 근무하면서 정말 어려움이 있고, 대화가 잘 안 되니 일하는 것보다 더 힘들어요."(연구참여자 C-1)

"저는 일에 스트레스 받는 게 아니라 말이 안 통해서 제스처로 해도 잘 안 되어 일하기가 힘들어요."(연구참여자 C-02)

"저는 업무로 인한 대화에서 힘들 때 욕이 나올 정도로 스트레스 받아요."(연구참여자 C-03)

"업무 내용 대화를 잘못 받아들여 업무 사고 시 외국인라고 생각하니까 더욱더 짜증 나요. 그래서 스트레스가 심해요."(연구참여자 C-06)

외국인 근로자와 함께 근무하는 한국인 근로자들은 문화적 차이를 가장 큰 스트레스로 생각한다. 이러한 문화적 차이로 인해 한국인 근로자들은 외국인 근로자에 대한 선입견을 가지고 있다.

(2) 다문화감수성

한국인 근로자들의 다문화감수성 부족은 외국인 근로자와 함께하는 직장생활의 만족도에 중요하게 작용하고 있다.

"한국 사람이 마늘 냄새가 난다고 외국 사람들이 하는 말이 생각납

니다. 내가 외국인과 함께 근무해보니 '힘들고 스트레스를 받는구나'라고 생각합니다."(연구참여자 C-03)

"사람 특유의 냄새가 좋을 수도 있지만, 함께 근무하는 외국인 근로자들의 냄새는 대체로 나를 힘들게 하네요. 시간이 지나면 익숙해지리라 생각합니다."(연구참여자 C-05)

"그들 특유의 냄새 때문에 향수를 사용해보기는 합니다만, 너무 불편해요."(연구참여자 C-07)

"본인은 특유의 냄새를 잘 못 느끼지만 음식, 문화, 습관이 다르고 각각의 냄새도 달라 함께 일하기가 어려워요."(연구참여자 C-08)

이와 같은 연구 결과는 음식, 문화, 습관이 다른 데서 오는 생활환경적 요인이 한국인 근로자의 근무만족도에 영향을 주고 있다는 것을 보여준다. 한국인 근로자들의 다문화감수성 부족이 외국인 근로자와의 갈등 중 하나로 자리 잡고 있다는 것을 알 수 있다.

2) 개인 간 문제

(1) 한국어 소통

한국인 근로자들은 한국어 문제로 인해 직장생활 내에서 외국인 근로자들과 소통의 어려움을 경험하고 있다. 이정환(2016) 역시 외국인 근로자가 한국에서 사는 동안 피부색이나 국적 및 언어 등으로 차별이나 시달림을 받았다고 느낄수록 한국 생활에 만족하지 않고 있다고 보고했다. 본 연구에 참여한 대부분의 연구참여자도 이와 같이 외국인 근로자와의 언어소통의 애로가 직장 내의 생활에서 갈등을 유발하는 주요 요인으로 생각하고 있었다.

"처음에는 한국어를 잘 알아듣지 못해서 말로 하다가 손짓발짓으로 표현해도 잘 안 될 때는 나도 모르게 욕이 나와요. 우리는 스트레스 받아요."(연구참여자 C-01)

"회사에서 한국어 소통 문제로 외국인 근로자들과 기분이 좋지 않아 한국인 동료가 화를 낼 때에는 외국인 근로자들은 그냥 참고 '죄송합니다', '잘하겠습니다' 그렇게 말하고 또 '잘 부탁드립니다', '제가 일을 많이 부족해가지고 잘 못합니다'라고 말해요. 그럴 때는 나도 마음이 안 좋고 미안하면서 속상하지요."(연구참여자 C-02)

"회사에서 일할 때 외국인 근로자가 개인 문제가 발생했을 때 한국어 소통이 잘 안 되서 위로도 제대로 못 하고 안 되니까 나 자신이 화가 나서 욕하고. 그때는 그냥 가만히 있었어요. 제가 실수한 것 같아 미안했죠. 한국어 소통 문제에서 오는 사항이라 미안함을 전달하기가 어렵고, 답답할 때가 종종 있습니다."(연구참여자 C-03)

"저희 회사가 너무 시끄럽고 그래서 말 잘 안 들리고 큰소리로 소리 질러서 뭐라고 하는 건 있어요. 가끔 오해가 일어날 수 있어요. 화난 줄 알고. 회사 주변이 시끄러워가지고 소리 지르는데, '야! 이리 와!' 이러는데 가끔 오해가 있어요. 그들이 한국어를 잘했으면 하고 아쉬워합니다."(연구참여자 C-04)

"네, 외국인 근로자하고는 의사소통이 안 돼요. 내가 사투리가 심해서 그들은 표준어도 어려운데, 하하 손짓, 발짓하고 합니다. 서로 그냥 참고 지내려고 합니다."(연구참여자 C-06)

언어적인 문제는 단순히 직장 내의 불편에 그치지 않고 여러 측면에서 외국인 근로자와 한국인 동료 간의 관계를 부정적으로 만든다. 언어의 불통으로 인해 동료 간에 상호이해 관계가 형성되지 않기 때문에 외국인 근로자가 조금만 실수하더라도 비난과 질책의 대상이 된다. 또한 한국인 동료의 선의적인 태도가 다른 의미로 해석되어 개인 간 갈등의 원인이 되기도 한다.

본 연구에서 도출된 연구 결과는 한국인 근로자들은 첫째, 답답함을 온몸으로 말해야 하는 경험을 한 경우, 둘째, 의사소통의 어려움이 있는 경우, 셋째, 신체적·정신적 어려움이 있는 경우 등에서 갈등을 겪고 있는 것으로 나타났기 때문에 한국인 근로자들은 의사소통 문제가 갈등을 일으키는 요인으로 작용하고 있었다. 양순미(2016)의 연구에서도 언어소통 문제가 모든 영역의 환경 만족도에 작용하지는 않지만, 외국인 근로자와 한국인 근로자 모두가 인지하는 생활애로 수준에서 언어소통 영역이 가장 높았다고 보고하고 있다.

(2) 종교 문제

종교적인 문제는 대부분 인도네시아 출신 근로자에 해당한다. 인도네시아 근로자들이 모두 경건한 이슬람교를 믿는 것은 아니지만, 그들의 종교적인 세계관은 일상생활의 행동에 많은 영향을 미치고 있는 것은 사실이다.

"인도네시아 출신 근로자는 이슬람교를 믿고 있으니까 반드시 기도를 해야 해요. 처음에는 내가 볼 때는 시도 때도 없이 업무 하다가 기도하러 갑니다. 이해가 안 되지요. 지금은 근무시간 외에 휴식시간이나 잔업시간에 하니까 모두 이해해줘요."(연구참여자 C-01)

"나는 외국인 근로자들 기도시간을 싫어했어요. 바쁜 시간에 기도한다고. 시간만 잘 조절한다면 나는 뭐라고 하지 않아요. 업무에 방해하지 않고 하니까, 한국의 조직문화에서는 함께해야 한다고 생각합니다."(연구참여자 C-02)

"저는 종교 문제는 개인의 사생활이라고 생각합니다. 공과 사를 구분했으면 좋겠습니다."(연구참여자 C-03)

기도문화가 한국인 근로자에게 낯설게 느껴질 수도 있지만, 직장 내의 업무에 문제가 되지 않는 한 외국인 근로자의 종교문화를 인정해야 할 것이다. 전혜정 · 이가연(2015)의 연구에서도 외국인 근로자는 종교가 있는 경우가 없는 경우보다 문화적응 스트레스가 높은 것으로 나타났다. 왜냐하면 이 연구에서 종교를 가진 외국인 근로자들은 모국에서의 종교가 한국 종교와의 차이로 인해 한국에서 자신의 종교 활동이 어려울 것으로 생각하고 있다.

한국인 근로자들은 "외국인 근로자 나라의 문화와 전통을 이해하고 배려"해야 하고, 기업의 효율성 측면에서도 외국인 근로자를 "동반자"로 인정해야 한다는 구경회 · 송준호(2011)의 연구는 우리에게 좋은 시사점을 주고 있다.

4.
조직문화에서의 문제

1) 직장에서의 회식 문제

근로현장에서 조직의 문제는 문화가 다른 외국인 근로자와 함께 근무하는 한국인 근로자가 조직에 대한 불만으로 동료로 배려하지 못하는 데서 오는 문제다. 예를 들어, 직장에서의 회식으로 인한 문제 등이 이에 속한다. 대부분의 연구참여자는 직장에서의 회식으로 인한 문제에 대해 문화적 문제를 경험하고 있는 것으로 나타났지만, 이러한 직장에서의 회식으로 인한 문제는 대부분 해결되지 못한 채 한국인 근로자들이 수용하고 있는 편이다.

"한국문화와 차이가 있는 것이 술입니다. 서로 술을 마셔가면서 동료로서 느끼는 경향이 있어요. 그들은 이슬람이라 술을 마시지 않는데, 동료들이 자꾸 마시라고 따라주니 그것을 힘이 들어해요. 그러다 보니 서로 가까워지는 기회가 적어지기도 합니다."(연구참여자 C-01)

"처음에는 회식할 때 외국인 근로자들과 같이했는데, 인도네시아의 문화를 잘 몰라서 동료들이 술을 마시라고 했어요. 그때에는 술을 마시지 않고 음료수를 먹더라고요. 우리가 '너희들 어리니까 술도 마시지 못하는구나?'라고 놀렸어요. 기분 나빠하더라고요. 하지만 점차적으로 한국인 동료들이 이슬람 문화를 알면서 이해는 해요. 그래도 회식에서 서로 마시고 많은 대화가 오가면서 서로를 알고 하는 우리 문화인데, 동료로서의 거리가 생기네요. ㅎㅎ"(연구참여자 C-02)

"그들과 술도 한잔씩 하고 서로 업무 외에도 자주 만나서 대화도 하고 해야 서로 동료 관계가 될 것 같은데. ㅎㅎ"(연구참여자 C-03)

이와 같은 연구 결과는 이선웅 외(2009)의 연구와도 통한다. 이선웅 외는 외국인 근로자들의 스트레스와 우울증의 상관성에 대해 연구했다. 이 연구는 사회적 · 문화적 스트레스로 외국인 근로자들이 한국어와 한국 문화적응의 어려움을 자주 느낀다고 한다. 또한 정복성 · 함상우(2018)의 연구에서도 직장에서의 회식문화에서 구성원인 외국인 근로자의 생활에 부정적 영향을 미치는 회식 등을 제한하여 회식 횟수를 단축할 필요가 있다고 제안하고 있다. 따라서 인터뷰에서는 함께 근무하는 한국인 근로자들도 그들과 같은 스트레스에 노출되어있는 것으로 나타나고 있다.

2) '빨리빨리' 문화와 정리정돈 및 청결 문제

한국인 근로자들은 문화가 다른 외국인 근로자의 일 처리 속도와 정리정돈 및 청결 문제에 대해 불만을 가지고 있었다.

"모든 일이 너무 느리고 천하태평입니다. 답답하고 속이 터져요. 생산 활동에 별 관심이 없는 것 같아요."(연구참여자 C-02)

"정리를 잘 안 해요. 모든 일을 지저분하게 해요."(연구참여자 C-03)

"너무 느리고 시간 개념이 없으며 정리가 잘 안 돼요."(연구참여자 C-05)

"정리가 잘 안 되다 보니 우리의 손이 많이 갑니다."(연구참여자 C-06)

"화장실도 함께 사용하기가 힘들어요. 너무 지저분하게 사용하고 청소를 안 해요. 작업복 세탁도 잘 안 하는 것 같아요."(연구참여자 C-07)

"작업 끝나고 정리 및 청소를 잘 안 하고 마무리를 잘해야 하는데 다음 작업에 임할 준비가 잘 안 되다 보니 작업 분위기가 일할 맛이 없어요. 그들의 생활 습관인 것 같아요."(연구참여자 C-08)

한국인 근로자들과 외국인 근로자들의 문화적 차이를 느끼게 하는 것은 일의 처리 속도와 정리정돈 및 청결이다. 이러한 문화적 차이로 인해

한국인 근로자들은 조직 내에서도 외국인 근로자들에게 불만을 가지고
있었다.

5.
시선의 상호소통

한국인 근로자도 직장 내에서 다양한 문화적 차이를 경험한다. 이러한 문화적 차이는 외국인 근로자에 대한 오해와 편견 및 차별 등으로 인해 서로를 불신하고 불쾌한 감정을 불러일으킨다.

이를 극복하기 위해서는 우리 문화만 강조하는 것이 아니라 외국의 이질적인 문화를 한국인 경영자와 한국인 근로자가 이해할 수 있도록 프로그램을 개발해야 하고, 근로현장에서의 동등한 조건과 제도적 장치를 마련해야 한다(김판준, 2013).

이 장에서는 외국인 근로자와 함께 근무하는 한국인 근로자들의 직장 내 문제를 세 가지 요인으로 구분하고, 그에 따른 구체적인 문제들을 살펴보았다. 이 장의 내용을 정리하면 다음과 같다.

첫째, 개인적인 문제로는 편견과 다문화감수성 부족으로 나타났다. 외국인 근로자들과 함께 근무하는 한국인 근로자들이 경험하는 문제의 한가운데에는 문화적 편견과 다문화감수성 부족 문제가 자리하고 있다.

둘째, 개인 간 문제로는 한국어 문제와 종교 문제로 나타났다. 본 연구에 참여한 대부분의 연구참여자는 외국인 근로자들과의 언어소통 문제가 직장 내 생활에서 갈등을 유발하는 주요 요인으로 생각하고 있었다. 종교 문제는 대부분 인도네시아 출신 근로자에 해당한다. 인도네시아 근로자들이 모두 경건한 이슬람교를 믿는 것은 아니지만, 그들의 종교적인 세계관은 일상생활의 행동에 많은 영향을 미치고 있기 때문에 한국인 근로자들과의 갈등은 피할 수 없을 것이다.

셋째, 조직문화 내의 문제로는 '빨리빨리' 문화와 정리정돈 및 청결 등과 같은 문화적 차이로 나타났다. 대부분의 연구참여자는 조직 내에서 문화적 갈등을 경험하고 있지만, 외국인 근로자와의 문화적 갈등은 대부분 해결되지 못한 채 한국인 근로자들이 수용하고 있는 편이다.

이와 같은 연구 결과를 바탕으로 한국인 근로자의 직장 내 갈등을 극복할 방안을 제언하면 다음과 같다.

첫째, 한국인 근로자들의 직장 회식 문제와 정리정돈 문제를 해결하기 위해서는 다문화감수성 교육이 확대될 필요가 있다.

둘째, 한국인 근로자들의 개인 간 갈등인 한국어 문제를 해결하기 위해서는 외국인 근로자의 취업 교육 중 한국어교육 시간을 대폭 확대하고, 이들이 의무적으로 일주일에 한 번씩이라도 한국어 수업에 참여할 수 있게 하는 유인책이 필요하다. 그러기 위해서는 한국어 수업에 참여하는 외국인 근로자들에게 비자 연장 발급을 완화시켜준다든지, 각종 인센티브를 줄 필요가 있다.

종교 문제에서는 먼저 외국인 근로자와 한국인 동료들의 상호문화적인 이해가 선결되어야 할 것이다. 이러한 문제를 해결하기 위해서는 외국인 근로자와 한국인 근로자들을 대상으로 외국인 근로자들의 생활문화나 예절 등 이들의 문화차이를 이해시킬 수 있는 과정을 확대할 필요가 있다.

셋째, 조직문화에서 문화적인 차이 문제는 대부분 술과 음식에서 오는 갈등이다. 특히 이슬람교를 믿는 외국인 근로자들은 이 두 가지에 민감하다. 최근에는 한국의 회식문화가 점점 변화되고 있는 추세이지만, 일부 회사에서는 아직도 한국의 회식문화를 일방적으로 강요하는 경우가 연구참여자들에게서 보이고 있다. 이러한 회식문화를 해결하기 위해서는 종교 문제와 마찬가지로 그들의 문화를 그대로 인정해줄 수 있는 교육이 필요하다. 각 나라의 종교문화, 특히 한국인 근로자들을 대상으로 이슬람문화의 특성과 회식문화를 이해할 수 있는 과정 개설이 시급하다. 이 장에서 다룬 내용은 외국인 근로자와 함께 근무하는 한국인 근로자들을 대상으로 직장 내에서의 갈등 원인을 세 가지로 분석함으로써 이에 대한 개선방안을 경험적으로 각각 제시했다는 데 의의를 지니고 있다.

7장

상호문화 경험과
다양성 경영 토대

이 장에서는 앞에서 다룬 외국인 근로현장의 중소기업 구성원들의 다문화 인식은 물론, 경영자의 상호문화 경험과 한국인 근로자의 다문화감수성에 관해 정리할 것이다. 이를 토대로 외국인이 근로하는 중소기업의 다양성 경영에 대한 토대적 제언을 제시하고자 한다.

1.
다문화 인식개선과 다양성 경영

외국인 근로자를 고용한 중소기업 경영자들은 각자의 소신과 의지에 따라 외국인 근로자의 수요가 상당히 필요하다고 이야기한다. 그럼에도 전반적으로 외국인 근로자에 대한 특성은 물론 그들의 문화 인식 정도가 많이 부족한 것으로 나타나고 있다. 특히, 외국인 근로자를 생산에 필요한 '소모품'이나 '도구'로 인식하는 경향이 나타나기도 한다.

중소기업 경영자들은 외국인 근로자와의 원활한 한국어 의사소통, 외국인 근로자에 관한 정책, 외국인 근로자들의 다문화 활동 지원, 다양성 경영 등에 대해 많은 노력을 해야 한다. 그럼에도 이를 현장에서 실천하기에는 어려움이 뒤따르고 있다고 했다. 실제로 이들은 외국인 근로자와 의사소통을 하는 데 어려움을 경험하고 있으며, 외국인 근로자들의 정부 고용정책에 문제가 있다고 지적하고 있다. 다양성 경영과 관련해서는 경영자들이 많은 관심을 가지고 있지만, 방법론적 측면에서 어떻게 해야 할지는 잘 모르고 있었다.

또한 중소기업 경영자들은 외국인 근로자들의 열악한 환경과 다문

화 관련 교육이나 행사에는 전혀 무관심한 것으로 나타났지만, 몇몇 경영
자는 외국인 근로자들과의 접촉을 강화함으로써 갈등을 해결하고 있다고
도 했다. 임희정(2010)은 한국 기업이 인적자원을 통해 다양성 경영에 대한
전략적 접근이 필요하며, 전략적 인적자원관리 측면에서 적극적으로 다
양성 경영이 설계되고 운영될 필요가 있다고 제안하고 있다. 외국인 근로
자의 증가는 한국 사회에서 불가피한 현실이 되었다. 한국인 근로자를 구
하기 어려운 중소기업 현실에서는 외국인 근로자를 그 대안으로 찾고 있
는 실정이다. 이러한 다문화 시대를 준비하는 상황에서 외국인 근로자를
고용한 중소기업 경영자들의 다문화 인식교육은 절대적으로 필요할 것이
다. 특히 외국인 근로자 수가 꾸준히 증가하고 있고, 이들이 채용된 조직
문화에 대한 적응이 사회적응에 미치는 영향과 근로의 생산성 측면을 감
안한다면, 이들을 고용한 중소기업 경영자들의 다문화 관련 교육이 절실
히 요구된다. 글로벌화된 시장 경쟁에서 국내 기업들이 지속적인 경쟁우
위를 확보하기 위해서는 다양한 문화적 배경의 인적자원들이 가진 차이
와 가치를 존중하고 이들의 잠재력을 최대한 활용할 뿐만 아니라 이들을
해외시장 개척에 인적 네트워크로 적극적으로 활용하려는 장기적이고 전
략적인 접근 자세와 글로벌 마인드가 요구된다(이승계, 2011).

중소기업 경영자의 다문화 인식개선 및 다양성 경영의 효율성을 높
이고, 외국인 근로자의 조직 문화적응과 사회적응을 돕기 위해 다음과 같
은 네 가지 사항을 제안하고자 한다.

첫째, 중소기업 경영자의 다문화 인식개선 노력이 이루어지기 위해
서는 다문화 전문 강사들이 지속적으로 다문화 관련 교육을 제공해야 할
것이다. 회사의 오너인 경영자들의 인식이 개선되지 않는 한 외국인 근로
자를 고용한 중소기업 경영자들은 외국인 근로자들을 하나의 '부속품'이

나 '기계'로 인식할 것이다. 이러한 교육을 통해 외국에서 온 근로자를 출신 지역이 다른 '우리나라 사람'으로 인식하듯이 '우리 회사의 한 구성원'으로 인식할 것이다. 이러한 분위기가 점차 사회로 확대되어 외국인 근로자를 우리나라의 경제를 책임지는 하나의 축으로 간주하는 사회적 분위기가 조성될 것이다.

둘째, 외국인 근로자들의 고용정책을 체계적으로 개선할 필요성이 있다. 특히, 외국인 근로자의 조직 문화적응과 우리 사회에 빠르게 적응시키기 위해서는 정책 개선과 지원을 아끼지 말아야 할 것이다. 외국인 근로자들이 숙련공이 될 때까지의 시간과 비용, 그리고 숙련공이 되고 난 후 본국으로 돌아가야 하는 현 법적인 상황에 따른 어려움을 하소연하고 있다. 따라서 외국인 근로자를 고용한 중소기업의 어려움을 감안할 때 이들의 고용정책을 시급히 개선해야 할 것이다.

셋째, 중소기업 경영자들은 외국인 근로자의 다문화 활동 또는 다문화 행사에 지원과 관심을 가져야 할 것이다. 지금 당장은 생산이 최우선으로 해결해야 할 과제일지는 몰라도 외국인 근로자들이 회사에서 받는 스트레스 등은 이러한 본국 출신들과 함께하는 다문화 활동이나 다문화 행사 참여를 통해 해결할 수 있을 것이다. 이렇게 함으로써 외국인 근로자들은 자신의 정서적 안정을 찾고, 회사 차원에서는 양질의 제품을 생산할 수 있기 때문에 서로 간에 윈윈할 수 있는 계기를 마련할 수 있을 것이다.

넷째, 중소기업의 체계적인 다양성 경영에 관한 모델 도입이 시급하다. 중소기업 경영자들은 다양성 경영이 무엇인지에 대해 어느 정도 알고는 있지만, 실제로 현장에 활용할 생각을 하지 못하고 있는 실정이다. 중소기업에 적용될 체계적인 다양성 경영 모델이 제공될 경우, 외국인 근로자와 갈등 없이 상생할 수 있는 해결책들이 마련될 수 있을 것이다.

2.
중소기업 경영자의 상호문화 경험

중소기업 경영자의 상호문화 경험에 대해 '이해', '공감', '소통', '협력', '연대'의 다섯 가지 영역으로 구분할 수 있다.

'이해'의 영역에서는 '직접 접촉을 통한 이해'와 '교육과 매체를 통한 이해'의 두 가지 범주로 구분되고, 이 두 가지 범주는 각각 "얼굴을 보고 있지만 이해는 불가능해요", "근무하면서 문화에 대해 이해하게 되었어요", "현장에서 교육은 생각할 수 없는 일이죠", "사실 방송을 보면 좀 짠하기는 하지요"라는 네 가지 소주제를 도출했다. '이해'는 타자에 대해 다르게 생각하고 느끼고 행동하는 사람들을 인식하고 인정하는 정신적이고 정서적인 태도를 말한다. 이러한 타자에 대한 이해는 각각의 인식 주체가 타자에 대해 가진 선입관에 의해 각인될 뿐만 아니라, 또한 자기 자신의 이해와 관련해서 개인이 가지고 있는 선입관에 의해서도 영향을 받는다. 외국인 근로자의 문화에 대한 경영자들의 선입관은 이들을 대하는 태도에도 영향을 미칠 수 있다. 이들의 문화적 배경을 이해하지 못하고서는 서로 다른 문화 간의 소통에서 상호 간의 이해란 거의 불가능하기 때문이다.

'공감'의 영역에서는 '역지사지를 통한 공감'과 '언어·문화적 공감'의 두 가지 범주로 구분하고, 이 두 가지 범주는 각각 "나이는 성인이지만 아이와 같다고 생각해요"와 "외국에 살고 있다면 같은 입장이죠", "언어 문제로 힘든 적이 있었어요", "문화차이로 난처한 적이 있었어요"라는 네 가지 주제가 도출되었다. 공감은 절대적 중심으로서 '여기'의 위치에 있는 나를 '저기'의 위치에 있는 타자로의, 즉 "만약 내가 저기에 있다면" 하는 식이다. 따라서 공감은 '역지사지(易地思之)'의 정신, 즉 다른 사람의 처지에서 생각 혹은 경험해보고 이해하는 것이라고 할 수 있다.

'소통'의 영역에서는 '언어와 감정의 소통'과 '문화와 종교적 소통'이라는 두 가지 범주로 구분하고, 이 두 가지 범주는 각각 "단어장을 공장 벽에 붙여놨어요", "이해하고 잘 달래서 함께해야죠", "출신국별로 다른 문화도 소통하면서 존중해요", "닭고기 먹고 사이다로 건배해요"라는 네 가지 주제가 도출되었다.

상호문화성에서 중요한 요소 중의 하나는 소통이다. 인간의 의사소통 행위는 어떤 주어진 상황에서 언어적이든 비언어적이든 이것을 매개체로 상호 간 대화 참여자들이 어떤 특정한 목적을 추구하는 "역동적인 과정"이기 때문이다. 한국에 거주하는 외국인 근로자들은 자국의 문화와는 완전히 다른 한국 사회에서 여전히 많은 어려움을 겪고 있다. 특히, 의사소통의 어려움은 매우 중요한 문제로 떠오르고 있다. 한국어 사용이 원활하지 못한 외국인 근로자들은 작업 수행 시 의사소통 문제로 경영자의 지시를 잘못 이해하는 경우가 많으며, 이에 수반하여 생산성이 떨어지거나 심한 경우 사고의 위험에까지 노출되고 있다. 이러한 의사소통 문제로 인해 작업 수행뿐만 아니라 일상적인 생활세계에서도 심각한 어려움을 초래하며, 생존 및 중요한 정보 습득, 이문화 간의 이해 등에서 장애가 되기 때문이다.

　'협력'의 영역에서는 '국가별 동료 간 협력', '숙련근로자와의 협력'이라는 두 가지 범주로 구분하고, 이 두 가지 범주는 각각 "공유하는 정보가 협력을 방해하고 있어요", "네트워크를 형성해서 요구만 늘었어요", "숙련된 사람들을 장기채용해야 돼요", "단순근로에도 숙련근로와의 협력이 필요해요"라는 네 가지 주제가 도출되었다. 오늘날 글로벌 경쟁력 확보와 생존의 필수요소로서 조직 내 다양한 이해관계자 간의 협력이 무엇보다 중요하다. 어느 한 조직에서 각각의 구성원들이 협력을 통해 조직의 성과를 향상시키는 것은 조직의 구성원들 모두에게 매우 중요하다. 왜냐하면 현장에서 근무하는 조직의 구성원은 조직몰입과 직무만족을 통해 삶의 질을 향상시키는 계기가 될 수 있고, 경영자 입장에서는 조직의 성과를 통해 조직의 이윤을 극대화할 수 있는 계기가 되기 때문이다. 따라서 조직문화가 의사소통을 용이하게 함으로써 조직의 의사결정과 통제를 촉진시키며, 조직의 구성원 간 협력을 증대시킬 수 있기 때문에 시간과 비용을 절약해주는 효율적인 결과뿐만 아니라 생산성을 극대화할 수 있을 것이다.

　'연대'의 영역에서는 '지역사회와 연대', '자조모임과 연대'라는 두 가지 범주로 구분하고, 이 두 가지 범주는 각각 "사회단체와 지인을 통해 문제를 해결해요", "지역사회와 연대하고 자문화를 홍보할 기회 줘요", "향수를 달래기 위해 자조모임을 권유해요", "자국민과의 연대에는 동호회가 일조해요"라는 네 가지 주제가 도출되었다. 연대는 "서로 의지하고 있는 사람들, 오직 함께함으로써만 공동의 목표에 도달할 수 있는 다수 사람의 상호적 결합"과 "열정 같은 압도적인 감정의 자유 속에서 기분이나 느낌을 주고받으면서, 억압받는 자 및 착취된 자와 함께 독립적이고 지속적인 이해공동체를 형성하도록 시도하는 것"이다. 외국인 근로자들도 이와 같은 연대를 통해 스스로 해결할 수 없는 과제를 다수의 사람과 상호적 결합을 하면서 공동의 목표에 도달할 수 있을 것이다.

외국인 근로자의 수요 증가는 한국 사회에서 불가피한 현실이 되고 있다. 한국인 근로자뿐만 아니라 외국인 근로자마저 구하기 어려운 중소기업 현실에서 외국인 근로자만이 대안이 될 수밖에 없는 현실이다. 이러한 다문화 시대를 맞이하는 상황에서 외국인 근로자가 근무하는 중소기업 경영자들의 상호문화소통 교육은 절대적으로 필요할 것이다. 특히, 외국인 근로자의 수요가 계속 증가하고 있고, 이들이 근무하게 되는 직장문화에 대한 적응이 사회적응에 미치는 영향과 근로의 측면을 감안한다면, 이들이 근무하는 중소기업 경영자들의 상호문화소통 관련 교육이 절실히 요구된다.

상호문화는 다양한 문화를 구성하고 있는 각 개인의 '만남'과 '관계'가 역동적으로 이루어지는 것을 의미한다. 이러한 역동성은 나와 타자를 동시에 표현하며, 나와 타자의 만남은 자신을 성찰할 수 있게 해주는 기회를 제공해준다. 다른 말로 표현하자면, 상호문화 이해는 타자의 문화를 이해하고 인정하기에 앞서 타자와의 만남을 중시하기 때문에 이것의 근간은 "타자의 문화를 배우는 것이라기보다는 타인과 만남"을 우선시하여 서로 간 관계 형성을 해야 할 것이다(조영철, 2018).

이와 같은 상호문화 또는 상호문화성의 이론적 논의를 바탕으로 본 연구에서는 상호문화성의 주요 요소인 다섯 가지 영역, 즉 '이해', '공감', '소통', '협력', '연대'를 통해 중소기업 경영자의 인터뷰 내용을 분석하여 결과를 도출했다. 이와 같은 다섯 가지 요소에서 도출된 내용을 바탕으로 경영자의 관점에서 상호문화 경험과 그 의미에 대한 개선 방향을 제언하면 다음과 같다.

첫째, 중소기업 경영자들은 외국인 근로자들을 한국인 근로자를 대체하는 일종의 '대체품' 또는 '일하는 로봇'으로 인식할 뿐 이들의 문화를 제대로 알고자 하는 의도를 찾기 힘들었다. 따라서 경영자들에게 다문화교육 또는 상호문화교육을 통해 외국인 근로자들의 문화에 대한 다문화 인식개선을 고취해야 할 것이다. 구체적으로는 이러한 다문화 인식개선 교육을 받는 중소기업 경영자들에게는 외국인 근로자 인력을 좀 더 많이 할당받을 수 있는 쿼터제를 도입하여 인센티브를 제공해야 할 것이다. 또한 외국인에 대한 인식은 미디어를 통해 일반인들에게 좀 더 확실하게 각인된다. 그렇기 때문에 미디어는 외국인에 대한 일반 시민의 선입견에 막대한 영향을 줄 수 있는 하나의 '통로'다. 하지만 미디어는 고정관념을 전파하는 데 일조할 수도 있고, 기존의 '고정관념을 없애는 도구'로도 사용될 수도 있다. 따라서 '고정관념'과 '대항 고정관념'이라는 두 가지 방향 중 어느 방향으로 선택할지에 대해 프로그램을 제작하는 사람들은 외국인 주제에 대해 깊이 있는 이해와 사명감을 가질 필요가 있을 뿐만 아니라 지자체나 정부에서는 매스컴을 통한 외국인 관련 보도에 대해 더욱 신중을 기해야 할 것이다(김초희 · 김도연, 2019).

둘째, 중소기업 경영자들은 생산현장에서 외국인 근로자들이 일을 잘 못하거나 실수할 경우, 한편으로는 "만약 내가 이들과 같이 외국인 근로자로 외국에서 일한다면"이라는 역지사지의 생각으로 대체로 공감하는 분위기를 나타냈다. 하지만 완전히 다른 문화를 지닌 외국인 근로자들과의 생산현장에서는 여전히 외국인 근로자들을 어린아이로 취급함으로써 차별적인 시선을 거두지 않고 있다. 이러한 공감적인 분위기를 고취시키고 차별적인 시선을 억제하기 위해서는 외국인 근로자를 고용한 중소기업 경영자 중 우수 중소기업 사례를 발굴하여 해외 연수 프로그램을 실시해야 할 것이다. 중소기업 경영자들에게 "해외에서 내가 만약 근로자로 근무한다면"이라는 역지사지의 심정을 느끼게 함으로써 한국에 거주하는 외국인 근로자들의 마음에 쉽게 공감할 수 있을 것이다. 이렇게 할 경우, 경영자 차원에서 근로성의 향상뿐만 아니라 한국인 근로자의 타문화 이해라는 측면에서도 상생의 길을 갈 수 있다고 본다.

셋째, 한국에 거주하는 외국인 근로자들의 언어적 또는 비언어적 소통의 어려움이 가장 큰 문제로 대두하고 있다. 한국어 사용이나 비언어적 제스처 사용이 원활하지 못한 근로자들은 작업 수행 시 의사소통의 문제로 경영자의 지시를 잘못 이해하는 경우가 많으며, 이에 수반하여 생산성이 떨어지거나 심한 경우 사고의 위험에까지 노출되고 있다. 이러한 비언어적 의사소통 문제는 작업 수행뿐만 아니라 일상적인 생활세계에서도 심각한 어려움을 초래하며, 생존 및 중요한 정보 습득, 이문화 간의 이해 등에서 장애가 되고 있다. 이러한 문제를 해결하기 위해 외국인 근로자들의 한국어 교육 및 한국문화 교육이 절대적으로 필요하다는 것은 자명한 일이다. 따라서 외국인 근로자들이 한국에 오기 전에 미리 한국어와 한국문화 교육의 중요성을 좀 더 강화할 필요가 있으며, 외국인 근로자를 고용한 중소기업에서도 서로의 소통을 원활하게 하기 위해서는 외국인 근로자들을 위한 별도의 한국어 및 문화 교육 또는 한국인 근로자들을 위한 다문화 이해교육 프로그램을 운영해야 할 것이라고 생각한다.

구체적으로 이러한 시스템을 운영하는 회사에는 좀 더 많은 인력을 확보할 수 있도록 기회를 더 줄 방안을 마련해야 할 것이다. 예를 들어 대학교에서도 외국인 유학생들을 잘 관리하는 대학에는 인증제를 실시하여 외국인 유학생들을 좀 더 많이 유치할 수 있다. 이와 같이 외국인 근로자들을 잘 관리하는 곳에는 인증제를 적용하여 더 많은 외국인 인력을 고용할 수 있도록 인센티브를 주거나 법을 제정할 필요가 있을 것이다. 이와 더불어 이런 프로그램 운영에 정기적으로 참여하는 한국인 근로자에게 중소기업 경영자들이 재정적으로나 해외 연수 등을 지원하는 인센티브를 제공함으로써 한국인 근로자들의 타문화 인식개선에 이바지할 수 있을 것이다. 또한 지방자치단체는 이러한 프로그램에 많이 참여하는 중소기업에 경제적 지원을 제공함으로써 한국인 근로자나 경영자에게 다문화 인식개선뿐만 아니라 다문화에 대한 이해도를 향상시켜 외국인 근로자를 출신 지역이 다른 공동체 구성원으로 인식하듯이 우리 회사의 한 구성원으로 인식할 것이다.

넷째, 숙련근로자의 비자 문제를 완화해야 한다. 오늘날 글로벌 경쟁력 확보와 생존의 필수요소로서 조직 내 다양한 이해관계자 간의 협력이 무엇보다 중요하다. 왜냐하면, 현장에서 근무하는 외국인 근로자와 한국인 근로자들은 조직몰입과 직무만족을 통해 삶의 질을 향상시키는 계기가 될 수 있고, 경영자 입장에서는 조직의 성과를 통해 조직의 이윤을 극대화할 수 있는 계기가 되기 때문이다. 기존에 시행되어온 외국인 근로자 도입 허용의 원칙은 기업들의 '인력 부족' 요청에만 초점이 맞춰져 있었다. 신청한 외국인 근로자가 고국에서 어떤 공부를 했는지, 어떤 경험을 했는지, 무엇을 잘하는지를 알 수 없는 상황이다. 왜냐하면 외국인 인력 근로시장에서 미스매칭이 발생했기 때문이다. 이로 인해 2019년 1·4분기 국내 중소 제조업들의 외국인력 신청률은 98.5%로 5년 만에 미달 사태가 발생했다(서울경제, 2019년 3월 5일자). 이러한 문제를 해결하기 위해서는 외국인 근로자뿐만 아니라 사업자 입장에서도 4년 10개월씩 일하다가 돌아가는 현행 방식은 지속 가능하지 않다는 임채운 교수의 말처럼 "체계적인 교육훈련과 장기고용이 가능하도록 한국의 외국인고용법이 개편"되어야 할 것이다. 이와 더불어 외국인 근로자의 업무시간 외 생활 문제를 철저히 관리해야 한다. 본 연구에 참여한 경영자들의 인터뷰에 따르면, 어떤 외국인 근로자들은 모여서 그동안의 스트레스를 해결할 수 있는 건전한 여가활동을 하는 반면, 어떤 외국인 근로자들은 모여 서로 간의 갈등을 조장함으로써 생산 활동에 지장을 초래하는 일까지 발생하고 있다는 것이다. 이를 해결하기 위해 개개인의 사생활을 보장한다는 것은 좋은 취지이지만, 이에 대한 관리 대책이 시급함을 보여주고 있다. 구체적으로 회사 차원에서 중간간부급이나 경영자들이 직접 숙소에서 외국인 근로자들의 불만사항이나 가정적인 어려운 점들을 파악할 수 있도록 개인적인 멘토가 되어 상담하는 것이다. 또한 지방자치단체는 외국인 근로자들을 고용한 중소기업의 현황을 리스트화하여 회사에서 외국인 근로자들을 잘 관리하는지를 점검하고, 경영자 입장에서는 외국인 근로자들의 업무시간뿐만 아니라 업무 외 일상생활의 문화적응까지도 관리함으로써 '책임 경영'을 실현할 수 있을 것이다.

다섯째, 외국인 근로자들의 노스탤지어를 달래기 위해 자조모임을 적극적으로 지원할 방안을 마련해야 할 것이다. 예를 들어, 경영자가 외국인 근로자의 출신국별로 한 달에 한 번씩 회사 또는 숙소에서 자국 출신 외국인 근로자들을 초대하여 모임을 개최하도록 지원해줄 수 있을 것이다. 한국에 거주하는 외국인 근로자는 가족을 떠나 대부분 홀로 한국에 입국하기 때문에 친구나 지인 같은 사회적 지지가 중요할 것이다. 송인영·김영화(2011)의 주장처럼 외국인 근로자가 모국 출신 친구나 지인에게 사회적 지지를 받을 경우, 정보 제공과 정서적 안정 및 소속감을 강화시켜준다. 이와 같이 모국 출신 친구나 지인의 사회적 지지는 외국인 근로자의 심리적 안정과 문화적응을 촉진할 수 있을 것이다. 물론 그에 대한 부작용도 만만치 않지만, 외국인 근로자 같은 소수자들의 불만사항이라든지 인권침해에 대한 요구사항을 전달할 수 있는 통로 역할인 자조모임을 활성화할 수 있어야 할 것으로 여겨진다.

3.
한국인 근로자의 다문화감수성

외국인 근로자와 함께 근무하는 한국인 근로자들의 직장 내 문제는 크게 세 가지 요인(개인적 문제, 개인 간 문제, 조직문화 내에서의 문제)으로 구분할 수 있다.

첫째, 개인적 문제로는 편견과 다문화감수성 부족으로 나타났다. 외국인 근로자들과 함께 근무하는 한국인 근로자들이 경험하는 문제의 중심에는 문화적 편견과 다문화감수성 부족 문제가 자리하고 있다.

둘째, 개인 간 문제로는 한국어 문제와 종교 문제로 나타났다. 본 연구에 참여한 대부분의 연구참여자는 외국인 근로자들과의 언어소통 문제가 직장 내의 생활에서 갈등을 유발하는 주요 요인으로 생각하고 있었다. 종교 문제는 대부분 인도네시아 출신 근로자에 해당한다. 인도네시아 근로자들이 모두 경건한 이슬람교를 믿는 것은 아니지만, 그들의 종교적인 세계관은 일상생활의 행동에 많은 영향을 미치고 있어 한국인 근로자들과의 갈등은 피할 수 없을 것이다.

셋째, 조직문화 내에서의 문제로는 '빨리빨리' 문화와 정리정돈 및 청결 등과 같은 문화적 차이로 나타났다. 대부분의 연구참여자는 조직 내에서 문화적 갈등을 경험하고 있지만, 외국인 근로자와의 문화적 갈등은 대부분 해결되지 못한 채 한국인 근로자들이 수용하고 있는 편이다.

연구 결과를 바탕으로 한국인 근로자의 직장 내 갈등을 극복할 방안을 제언하면 다음과 같다.

첫째, 한국인 근로자들의 직장 회식 문제와 정리정돈 문제를 해결하기 위해서는 다문화감수성 교육이 확대될 필요가 있다.

둘째, 한국인 근로자들의 개인 간 갈등인 한국어 문제를 해결하기 위해서는 외국인 근로자의 취업 교육 중 한국어 교육 시간을 대폭 확대하고, 이들이 의무적으로 일주일에 한 번씩이라도 한국어 수업에 참여할 수 있게 하는 유인책이 필요하다. 그러기 위해서는 한국어 수업에 참여하는 외국인 근로자들에게 비자 연장 발급을 완화해준다든지, 각종 인센티브를 줄 필요가 있다. 종교 문제에서는 먼저 외국인 근로자와 한국인 동료들의 상호문화적인 이해가 선결되어야 할 것이다. 이러한 문제를 해결하기 위해서는 외국인 근로자와 한국인 근로자들을 대상으로 외국인 근로자들의 생활문화나 예절 등 이들의 문화차이를 이해시킬 수 있는 과정이 확대될 필요가 있다.

셋째, 조직문화에서 문화적인 차이 문제는 대부분 술과 음식에서 오는 갈등이다. 특히 이슬람교를 믿는 외국인 근로자들은 이 두 가지에 민감하다. 최근에는 한국의 회식문화가 점점 변화되고 있지만, 일부 회사에서는 아직도 한국의 회식문화를 일방적으로 강요하는 경우가 연구참여자들에게서 보인다. 이러한 회식문화를 해결하기 위해서는 종교 문제와 마찬가지로 그들의 문화를 그대로 인정해줄 수 있는 교육이 필요하다. 외국인 근로자 각 나라의 종교문화, 특히 한국인 근로자들을 대상으로 이슬람문화의 특성과 회식문화를 이해할 수 있는 교육과정 개설이 시급하다.

연구 결과는 외국인 근로자와 함께 근무하는 한국인 근로자들을 대상으로 직장 내에서의 갈등 원인을 세 가지로 분석함으로써 이에 대한 개선방안을 경험적으로 각각 제시했다는 데 의의가 있다. 하지만 후속 연구에서는 한국인 근로자들의 입장만이 아닌 한국인 경영자와 외국인 근로자들 각각의 입장을 분석할 필요가 있을 것이다.

4.
지속가능한 다양성 경영을 위하여

　　본 연구는 중소기업 경영자의 외국인 근로자에 대한 상호문화 경험과 그 의미를 살펴보고 개선안을 모색하는 데 있어 연구참여자의 표집이 경기도와 인천이라는 특정 지역이라는 한계가 있다. 또한 외국인 근로자가 근무하는 다양한 중소기업 경영자에 대해 일일이 심층 면담을 진행하지 못했다. 대다수 중소기업 경영자의 의견이 연구범위로 포함되지 못했다는 것이 질적연구가 지니는 한계다. 이로 인해 중소기업 경영자들의 경험을 일반화할 수는 없을 것이다.

　　향후 이 연구를 통해 도출된 질적 결과를 기반으로 혼합연구를 수행할 것이다. 그럼에도 이 연구는 외국인 근로자들이 중소기업에 점점 더 필요한 시점에서 이들을 고용한 경영자들의 상호문화 경험에 의해 도출된 문제점과 개선사항을 제안했다. 이를 바탕으로 향후 중소기업 경영자의 외국인 근로자에 대한 인식개선 및 외국인 정책의 체계적인 방안이 요구된다. 이런 맥락에서 이 연구가 후속 연구의 기초자료로 활용될 수는 있을 것이다. 또한 이 연구는 외국인 근로자들과 함께 상생과 공존을 모색할 수 있는 정책적 방안과 중소기업 경영자들의 상호문화소통 방안에도 기초자료로 활용될 수 있을 것이다.

또한 연구 결과에서 도출된 개선사항 중 '중소기업 경영자 중 우수 중소기업 사례를 발굴하는 해외연수 프로그램'과 더불어 중소기업 경영자들과 '타문화와의 상호문화소통을 위한 경영자 모임'이라는 네트워크 구축도 요망된다. 한국 중소기업협의체는 이러한 네트워크를 구축함으로써 외국인 관련 부처 및 대학의 다문화 관련 학과 등과 상호문화소통 관련 정보를 공유하여 다문화 사회로 진입하고 있는 우리나라에 외국인 근로자와 상생의 길을 갈 수 있도록 기여할 것이다.

한국인 근로자도 직장 내에서 다양한 문화적 차이를 경험한다. 이러한 문화적 차이는 외국인 근로자에 대한 오해와 편견 및 차별 등으로 인해 서로를 불신하고 불쾌한 감정을 불러일으킨다. 이를 극복하기 위해서는 우리 문화만을 강조하는 것이 아니라 외국의 이질적인 문화를 한국인 고용주와 한국인 근로자가 이해할 수 있도록 프로그램을 개발해야 하고, 근로현장에서의 동등한 조건과 제도적 장치를 마련해야 한다.

이 연구에서 도출된 다양한 제안이 지속가능한 다문화 사회를 위한 다양성 경영의 토대가 될 것이다. 끝으로 지속가능경영과 다양성 경영의 연관성에 관한 개념적·실제적 영역의 후속 연구를 수행할 것임을 밝힌다.

참고문헌

강대석 · 김정은(2017). 「비인격적 감독과 외국인근로자들의 문화적응: 지각된 역량발휘가능성 및 직업배태성의 매개역할」. 『생산성논집』 31(4), 85-110.

강인애 · 장진혜(2009). 「커뮤니티 기반 다문화수업 모형 개발에 대한 연구: 초등학교 수업사례를 중심으로」. 『초등교육연구』 22(2), 71-97.

강현주(2018). 「한국어 교사의 상호문화 능력 함양을 위한 문화 교육 현황과 개선 방안」. 『한국어문학국제학술포럼』, 119-144.

구경회 · 송준호(2011). 「외국인 노동자의 갈등유형과 조직유효성 연구」. 『사회과학연구』 16, 91-111.

구현정 · 전영옥(2017). 『의사소통의 기법』. 박이정.

국가인권위원회(2019). 「제2차 이주 인권가이드라인」. 국가인권위원회 보고서.

권오현(2003). 「의사소통중심 외국어교육에서 '문화': 한국의 학교 외국어교육을 중심으로」. 『국어교육연구』 12, 247-274.

권종욱 · 김학조 · 손건 · 김정원(2012). 「한국거주 외국인 근로자 적응 분석: Black의 해외파견자 적응 모델을 중심으로」. 『국제통상연구』 17(2), 161-183.

김경운(2014). 「외국인근로자의 부당해고 구제에 대한 법률적 검토」. 『법제논단』, 170-185.

김남진(2016). 「외국인근로자 인권보장을 위한 사업장변경의 자유」. 『법학연구원』 62, 47-71.

김달관(2019). 「브라질의 인종민주주의: 다문화성에서 상호문화성으로」. 『국제지역연구』 23(3), 91-121.

김동회 · 하규수(2011). 「외국인 노동자의 문화적응과 조직공정성이 조직몰입에 미치는 영향에 관한 연구」. 『한국콘텐츠학회논문지』 11(9), 187-201.

김병조(2009). 『한국의 이주노동자와 자본축적: 제조업 산업연수제(1994~2004)를 중심으로』. 경상대학교 대학원 박사학위논문.

김선미(2000).「다문화 교육의 개념과 사회과 적용에 따른 문제」.『사회과교육연구』4, 63-81.

김수재(2008).「외국인 노동자의 문화적 갈등과 대응: 인도네시아 노동자를 중심으로」.
『민족문화논총』38, 153-184.

김안나 · 최승아(2017).「외국인 노동자의 삶의 만족도에 대한 영향요인 연구: 학력 미스매치,
차별경험, 임파워먼트를 중심으로」.『사회복지연구』48(2), 331-357.

김영순(2020).『이주여성의 상호문화 소통과 정체성 협상』. 북코리아.

김영순 · 김금희 · 전예은(2013).「외국인 대학원생을 지도하는 한국인 교수자의 다문화감수성에
관한 연구」.『인문과학연구』37, 461-488.

김영순 · 김진희 · 강진숙 · 정경희 · 정소미 · 조진경 · 조현영 · 최승은 · 정지현 · 오세경 · 김창아 ·
김민규 · 김기화 · 임한나(2018).『질적연구의 즐거움』. 창지사.

김영순 · 오영훈 · 이미정 · 김창아 · 김기화 · 박미숙 · 윤현희(2020).『한국 다문화 사회의 교육과
복지 실천』. 집문당.

김영순 · 오영훈 · 정지현 · 김창아 · 최영은 · 정소미 · 최승은 · 조영철(2016).『처음 만나는
다문화교육』. 북코리아.

김영순 외(2016).『처음 만나는 다문화교육』. 북코리아.

김영순 · 장은영 · 김진석 · 장은숙 · 김창아 · 안진숙 · 정지현 · 윤영 · 최승은 · 정소민(2020).
『다문화 사회와 리터러시 이해』. 박이정.

김영순 · 조영철 · 김정희 · 정지현 · 박봉수 · 오영훈 · 손영화 · 박종도 · 이미정 · 정경희 ·
박미숙(2019).『다문화 생활세계와 사회통합 연구』. 북코리아.

김영필(2013).「하버마스 의사소통행위이론의 상호문화주의적 함의: 한국적 다문화교육 모형구축을
위한 하나의 대안」.『철학논총』71, 3-27.

김오남(2007).「농촌지역 결혼이민여성의 정신건강에 관한 연구」.『한국가족복지학』12(3), 47-73.

김옥선(2011).「상호문화 의사소통능력의 내용과 평가」.『외국어로서의 독일어』28, 5-29.

김지현 · 김보미(2017).「외국인 노동자의 문화적응 스트레스 영향요인」.『디지털융복합연구』15(8),
277-287.

김진희(2019).「사회복지사의 상호문화 역량 영향 요인」.『문화예술교육연구』14(4), 1-26.

김창도(2017).「우리나라 외국인력 실태분석과 제도개선 과제」.『한국정책학회
춘계학술발표논문집』, 29-50.

김초희 · 김도연(2019).「한국 텔레비전 다문화 프로그램 속 다문화 구성원 및 외국인의 이미지: 인종,
출신지, 다문화 구성 유형별 차이를 중심으로」.『한국방송학보』33(4), 66-109.

김태원(2012).「다문화 사회의 통합을 위한 패러다임으로서의 유럽 상호문화주의에 대한 이론적
탐색」.『유럽사회문화』9, 179-213.

김판준(2013).「다문화 사회의 갈등과 기여에 관한 고찰」.『현대사회와 다문화』3(2), 207-237.

나장함(2010).「다문화주의 패러다임에 대한 종합 분석: 패러다임과 Banks 접근법과의 관계성을 중심으로」.『아시아교육연구』11(3), 21-41.

남부현·오영훈·한용택·이미정·천정용(2016).『다문화 사회교육론. 양서원.

딜노자 갈라노바(2019).『재한 우즈베키스탄 유학생들의 상호문화소통 역량에 관한 연구』. 인하대학교 대학원 박사학위논문.

류지성·문종원(2013).「농축산업 분야 외국인 근로자의 근로 지속성 결정요인 분석: 경기도 지역을 중심으로」.『농업경영 정책연구』40(3), 749-766.

문정원·임영심(2020).「유아교사 상호문화 역량의 구성요소에 관한 델파이 조사연구」. 『열린유아교육연구』25(2), 271-298.

박문범·김회용(2020).「호네트(A. Honneth)의 인정이론에 나타난 '연대' 개념과 교육적 의의」. 『교육사상연구』34(2), 43-66.

박미숙·이미정(2014).「다문화가정 청소년들이 경험하는 갈등원인에 관한 연구」.『교육문화연구』 20(3), 149-174.

박미정(2015).『사회통합을 위한 이주배경청소년 정책에 관한 연구: 사회적 지지가 사회적응력에 미치는 영향을 중심으로』. 성결대학교 대학원 박사학위논문.

박분주·이윤경(2017).「타문화 교환학생들과의 협력학습이 영어학습자들의 상호문화간 의사소통능력에 미치는 효과」.『언어과학연구』81, 81-107.

박성(2017).「다문화교실에서 역할극을 통한 한국문화 교육 연구: 상호문화성을 중심으로」. 『한국언어문화학』14(1), 111-142.

박신규(2017).「외국인 노동자의 노동실태 및 정책과제: 전북 지역 사례를 중심으로」.『다문화와 디아스포라 연구』11, 99-118.

박영자(2012).「다문화시대 한반도 통일통합의 가치 및 정책방향 상호문화주의시각과 교훈을 중심으로」.『국제관계연구』17(1), 299-333.

박인철(2005).「타자성과 친숙성: 레비나스와 후설의 타자이론 비교」.『현상학과 현대철학』24, 1-31.

_____(2015).『현상학과 상호문화성』. 아카넷.

박종수(2017).「한국사회의 이슬람 혐오 현상과 쟁점: 상호문화주의를 중심으로」.『종교문화연구』 29, 49-70.

박종희·강선희(2008).「이주근로자 인권보호에 관한 법제도 운영과 개선방안」.『고려법학』50, 401-442.

박진경(2010).「한국의 다문화주의와 다문화정책의 선택적 적용」.『한국정책학회』19(3), 259-288.

서은진(2013). 「시민을 대상으로 한 다문화이해교육의 효과성에 관한 연구: 다문화감수성을
　　　중심으로」. 『다문화와 인간』 2(2), 149-181.

손건(2011). 「한국의 외국인 근로자의 다문화적응에 관한 연구」. 강원대학교 대학원 석사학위논문.

손윤석(2013). 「이주노동자의 고용허가제 개선 방안」. 『법학연구』 49, 1-23.

송인영 · 김영화(2011). 「여성결혼이민자의 평생교육경험 및 사회적 자본의 유형과 적응의 관계」.
　　　『평생교육학연구』 17(4), 147-169.

신동일 · 심우진(2013). 「국내 외국인 거주자의 언어권리의 침해에 관한 연구」. 『이중언어학』 51,
　　　151-180.

신철우(2005). 『조직행동론』. 문영사.

안선민(2016). 「다양성관리가 공기업의 성과에 미치는 영향에 관한 연구」. 『한국인사행정학회보』
　　　15(3), 233-268.

양순미(2016). 「농업 분야 외국인 근로자의 생활 애로와 직무 환경 만족도의 관계 분석」. 『농촌경제』
　　　39(4), 97-122.

양윤정 · 이근매(2010). 「단기집단미술치료가 외국인 노동자의 문화적응 스트레스 감소에 미치는
　　　효과」. 『예술심리치료연구』 6(2), 1-20.

오영훈(2009). 「다문화교육으로서 상호문화교육: 독일의 상호문화교육을 중심으로」. 『교육문화연구』
　　　15(2), 27-44.

오영훈 · 하종천(2019). 「동남아시아 출신 외국인 노동자의 직장 내에서의 문화갈등 사례 연구」.
　　　『문화교류연구』 8(3), 125-146.

우루쿤치에브 아들백 · 박수정(2018). 「재한 키르기즈스탄 근로자의 문화적응에 대한 근거 이론적
　　　접근」. 『여가학연구』 16(2), 23-44.

원숙연(2008). 「다문화주의시대 소수자 정책의 차별적 포섭과 배제: 외국인 대상 정책을 중심으로 한
　　　탐색적 접근」. 『한국행정학보』 42(3), 29-49.

유기웅 · 정종원 · 김영석 · 김한별(2012). 『질적연구방법의 이해』. 박영사.

_____(2018). 『질적연구방법의 이해』. ㈜박영사.

유수연(2012). 「상호문화 의사소통능력 개발을 위한 이론과 실제」. 『외국어로서의 독일어』 30, 81-
　　　101.

_____(2018). 「독일 지역사정과 상호문화 의사소통 능력 습득」. 『독어교육』 72, 29-51.

유승균(2010). 「한국기업의 외국인근로자 고용 결정요인에 관한 실태분석」. 『통상정보연구』 12(4),
　　　213-234.

유승희(2019). 「비전문취업 외국인 근로자의 직무만족에 영향을 미치는 요인에 관한 연구:
　　　근로환경과 일 외 생활 관련 요인을 중심으로」. 『사회과학연구』 35(4), 53-79.

_____(2020).「외국인 근로자의 심리적 적응 측면에서의 삶의 만족도에 영향을 미치는 요인에 관한 연구: 스트레스 대처적 접근, 문화학습적 접근, 사회인지적 접근을 중심으로」.『다문화사회연구』13(1), 151-184.

윤인진(2008).「한국적 다문화주의의 전개와 특성: 국가와 시민사회의 관계를 중심으로」. 『한국사회학』24(2), 72-103.

윤향희(2016).「미등록 외국인근로자의 인권 보호: 출입국관리법의 개선방향 제시를 중심으로」. 『현대사회와 다문화』6(2), 127-149.

윤현희(2019).『초등교사의 탈북학생 교육 경험에 관한 상호문화교육적 의미 탐구』. 인하대학교 박사학위논문.

이경국(2009).「외국인근로자의 문제점과 개선방안에 관한 연구」.『경영교육저널』15, 1-29.

이규용(2012).『고령화와 고학력화와 노동 시장 정책 과제』. 한국노동연구원.

이금희 · 유양 · 정동섭(2016).「조선족 근로자의 사회적 자본이 문화적응과 직무만족에 미치는 영향」.『인적자원관리연구』23(1), 1-18.

이금희 · 정동섭(2016).「사회적 자본과 미디어 이용이 문화적응과 직무만족에 미치는 영향: 한국의 중국인 근로자들을 중심으로」.『경영과 정보연구』35(1), 1-22.

이대응(2006).『조직문화성향이 조직유효성과 노사안정성에 미치는 영향에 관한 연구』. 청주대학교 대학원 박사학위논문.

이도화(2011).「포스트모더니즘 담론에 근거한 다문화교육의 이해」.『한국교육사상연구회』25(2), 179-200.

이동수 · 정화열(2012).「횡단성의 정치: 소통정치의 조건」.『한국정치연구』213), 297-319.

이미경(2011).「한국 다문화교육정책 전개과정과 담론 분석: 교과부의 다문화가정 자녀교육 지원정책(2006-2009)을 중심으로」.『한국교육개발원』37(2), 155-176.

이미숙(2018).「외국인 근로자에 대한 태도와 영향요인 분석」.『한국산학기술학회 논문지』19(12), 150-160.

이미연 · 진민우 · 라정현(2014).「태권도 수련을 통한 외국인 근로자의 한국 문화적응에 관한 연구」. 『한국여성체육학회지』28(2), 113-129.

이병준 · 김영순 · 김향미(2020).「문화예술교육을 통한 이주자 통합에 있어서의 다문화 · 상호문화 역량 연구」.『문화예술교육연구』15(3), 1-25.

이병준 · 손현미 · 최말옥 · 한현우(2017).「상호문화 역량 측정도구 개발 연구」.『문화예술교육연구』 12(1), 39-60.

이병준 · 한현우(2016).「상호문화 역량의 개념 및 구성요소에 관한 연구」.『문화예술교육연구』 11(6), 1-24.

이선웅 · 김규상 · 김태균 · 류향우 · 이미영 · 원용림 · 송윤희(2009).「경기지역 일부 이주노동자들의 직무스트레스와 우울 증상의 상관성」. 『대한산업의학회지』 21(1), 76-86.

이선웅 · 김규상 · 김태균 외(2009). 「경기지역 일부 이주노동자들의 직무스트레스와 우울 증상의 상관성」. 『대한산업의학회지』 21(1), 76-86.

이선화(2008). 「외국인노동자 유입에 대한 도시지역 원주민의 대응: 안산 원곡동의 사례」. 『비교문화연구』 14(2), 123-166.

이승계(2010). 「다양성 경영 이론의 고찰과 국내 기업에 주는 시사점」. 『현상과 인식』 110, 147-174.

_____(2011). 「다양성 관리의 접근방법과 조직성과에의 시사점」. 『경영법률』 21(4), 663-705.

이은옥(2019). 「외국인 근로자를 고용한 뿌리산업 중소기업 경영자의 다문화 인식 및 다문화감수성에 관한 연구」. 경인교육대학교 교육전문대학원 석사학위논문.

이용일(2009). 「다문화시대 고전으로서 짐멜의 이방인 새로 읽기: 새로운 역사적 이민연구의 단초」. 『독일연구』 18, 178-209.

이윤정(2018). 「외국인 노동자의 일과 삶의 균형에 영향을 미치는 요인에 관한 융합 연구」. 『한국융합학회논문지』 9(10), 477-485.

이정환(2016). 「외국인 근로자의 한국생활 만족도」. 『한국인구학』 39(2), 25-48.

이종구 · 고영희(2012). 「한국 기업의 다양성 수준, 전략 그리고 기업 성과」. 『전문경영자연구』 15(3), 103-135.

이주연 · 김혜숙 · 신희천 · 최진아(2011). 「외국인 노동자의 노동여가생활 변화 인식과 삶의 만족감에 대한 연구」. 『한국여가레크리에이션학회지』 35(4), 83-97.

이철희 · 정선영(2015). 「국내 외국인력 취업 현황 및 노동 수급에 대한 영향」. 『한국은행 이슈노트』 13, 1-18.

이행남(2018). 「무시의 부정의로부터 비규정성의 고통으로: 악셀 호네트의 두 차례의 헤겔 전유의 시도에 대한 고찰」. 『사회와 철학』 36, 231-258.

이현재(2015). 「성소수자의 인권도시운동과 탈-전통적 연대 개념의 재구성: 호네트와 버틀러의 인정이론을 중심으로」. 『범한철학회논문집』 78, 353-378.

이혜경(2017). 「외국인 노동자 사회통합의 정치철학과 정책방향의 모색」. 『대한정치학회보』 25(4), 117-139.

이화도(2011). 「상호문화성에 근거한 다문화교육의 이해」. 『비교교육연구』 21(5), 171-193.

임근영(2008). 「국내 거주 외국인의 한국문화적응 스트레스가 한국어 학습에 미치는 영향」. 청주대학교 대학원 석사학위논문.

임석준 · 민상희(2018). 「상호 문화이해와 의사소통이 해외진출 기업의 조직성과에 미치는 영향: 인도네시아 진출 한국기업을 대상으로」. 『국제지역연구』 22(3), 133-164.

임춘희(2016). 「외국인근로자 고용에 대한 사업주의 인식과 어려움 및 대처: 충남 서천군의 사례를 중심으로」. 『예술인문사회융합멀티미디어논문지』 6(9), 171-189.

임희정(2010). 「다양성관리의 실태 및 다양성관리가 조직의 성과에 미치는 영향」. 『생산성논집』 24(3), 181-217.

자크 아탈리(2005). 이효숙 역. 『호모노마드 유목하는 인간』, 웅진닷컴.

장은애 · 최영(2010). 「결혼이민여성의 문화 정체성 유형과 생활만족도」. 『사회과학연구』 26(3), 1-25.

장인모 · 전순영(2015). 「외국인 근로자의 조직 갈등이 조직성과에 미치는 문화적응 매개효과 연구」. 『대한경영학회지』 28(1), 159-177.

장인실 · 차경희(2012). 「한국 다문화교육의 연구동향 분석: Bennett이론에 근거하여」. 『한국교육학연구』 18(1), 283-302.

장일규 · 임상혁(2018). 「외국인노동자의 다양성관리에 관한 실증연구: 수용성 요인의 조절효과 중심으로」. 『전문경영자연구』 21(1), 227-248.

장한업(2009). 「프랑스의 이민정책과 상호문화교육: 한국 사회에 주는 시사점을 중심으로」. 『불어불문학회』 79, 633-656.

_____(2014). 「기획선진국의 표현 교육과 평가 사례 연구: 프랑스와 뉴질랜드를 중심으로」. 『한국국어교육학회』 99, 27-42.

_____(2014). 『이제는 상호문화교육이다』. 교육과학사.

전경미(2019). 『한국 이민자 사회통합프로그램(KIIP)의 이해관계자 경험에 관한 사례연구』. 인하대학교 대학원 박사학위논문.

전혜정 · 이가언(2015). 「베트남 외국인 노동자의 문화적응 스트레스와 우울」. 『지역사회간호학회지』 28(4), 380-389.

정기선 · 한기선(2009). 「국제결혼이민자의 적응과 정신건강」. 『한국인구학』 32(2), 87-114.

정복성 · 함상우(2018). 「외국인 노동자의 문화 차이에 따른 일-가정 갈등이 직무소진에 미치는 영향」. 『아태예술인문사회 융합멀티미디어논문지』 8(3), 661-670.

정선영 · 오영림 · 배이진(2013). 「사회적 관계망, 일상적 어려움, 사회적 지지가 외국인 근로자의 정신건강에 미치는 영향에 관한 연구」. 『한국사회복지조사연구』 34, 1-35.

정영근(2006). 「상호문화교육의 일반교육학적 고찰」. 『교육철학연구』 37, 29-42.

_____(2007). 「"사이"의 세기와 상호문화교육」. 『교육의 이론과 실천』 12(1), 257-272.

_____(2011). 「Pestalozzi의 인간 교육 방법원리」. 『한국교육사상연구』 52, 25-47.

정지현 · 김영순(2012). 「생산직 이주근로자 고용 한국 회사 내 한국인 근로자의 다문화감수성에 관한 연구」. 『교육문화연구』 18(4), 139-162.

정한나 · 김영숙(2020). 「외국인 근로자의 심리적 행복감 영향요인」. 『지역사회간호학회지』 31(1), 54-64.

정창호(2011). 「독일의 상호문화교육과 타자의 문제」. 『한독교육학회』 16(1), 75-102.

정창화 · 허영식(2011). 「다문화 사회에서 사회통합의 착근을 위한 다양성관리」. 『유럽연구』 29(3), 217-243.

조영철(2018). 「글로컬 다문화 사회 형성을 위한 상호문화교육의 방향」. 『문화콘텐츠연구』 13, 175-201.

_____(2018). 『다문화 학교 교사의 상호문화교육 경험에 관한 내러티브 탐색』. 인하대학교 대학원 박사학위논문.

조용길(2015). 「상호문화성 Interkulturalität 배양을 위한 토론교육 방안」. 『독어교육』 62, 81-102.

조태준 · 박덕현 · 허상구(2016). 「국내 중소 제조업에 종사하는 중국인 근로자의 문화지능이 직무만족과 조직몰입에 미치는 영향: 자기효능감의 매개효과를 중심으로」. 『HRD연구』 18(1), 1-27.

진현 · 장은미 · 정기선(2016). 「일반 고용허가제 저숙련 외국인 근로자의 직장 만족과 이직의도」. 『중소기업연구』 38(3), 1-23.

차용호(2015). 『한국 이민법: 이론과 실제』. 법문사.

최석봉 · 김규덕(2012). 「조직문화 유형, 협력적 노사관계, 조직성과간의 관계에 대한 연구: 조직지원인식의 조절적 영향」. 『대한경영학회지』 25(3), 1675-1701.

최성주 · 이근주 · 최유진(2018). 「다양성과 다양성 관리: 한국형 다양성 연구의 방향 모색」. 『한국인사행정학회보』 17(4), 1-28.

최승은(2015). 『상호문화교육의 관점에서 본 초등교사의 음악교육 경험에 관한 연구』. 인하대학교 대학원 박사학위논문.

최종락 · 임상혁(2019). 「제조업 외국인 근로자의 직업훈련 특성이 취업 의도에 미치는 영향: 직업훈련의 자기효능감과 참여 동기를 중심으로」. 『대한경영학회지』 32(4), 737-758.

최치원(2013). 「간문화적 성찰과 시민교육 그리고 정체성 문제 고찰」. 『인문과학연구』 36, 375-407.

최현덕(2009). 「경계와 상호문화성: 상호문화 철학의 기본 과제」. 『코기토』 66, 301-329.

_____(2009). 『문화들 사이에서 철학하기: 상호문화철학의 대두, 젠더와 탈/경계의 지형』. 이화여대 출판부.

표명환(2011). 「외국인근로자 고용제도에 관한 법적 고찰」. 『법학연구』 41, 46-65.

하수권(2007). 「이문화 관점에서 바라본 독일기업문화」. 『독일언어문학』 35, 93-117.

하종천(2018). 「외국인 노동자를 고용한 중소기업 CEO의 다문화 인식과 다양성 경영에 관한 사례연구」. 인하대학교 교육대학원 석사학위논문.

하종천·오영훈(2021). 「외국인 노동자와 근무하는 한국인 노동자의 상호문화소통에 관한 사례연구」. 『문화교류와 다문화교육』 10(1), 83-102.

한승준(2011). 「정책연구동향: 다문화정책의 개념, 현황 및 과제」. 『한국정책학회 The KAPS』 26, 12-17.

한용택(2017). 「Bennett의 상호문화적 감수성 발달 모델을 활용한 다문화교육 시안」. 『시민인문학』 32, 107-136.

허영식(2014). 「간문화소통과 다양성관리에 대한 연구동향과 함의: 독일의 사례를 중심으로」. 『한독사회과학논총』 24(3), 131-158.

현남숙·김영진(2015). 「다문화 사회에서 상호문화적 대화의 가능성」. 『시대와 철학』 26(3), 151-177.

홍윤기(2010). 「연대와 사회결속: 연대의 개념, 그 규범화의 형성과 전망」. 『시민과 세계』 17, 45-64.

Bennett, M. J. (1993). Towards ethnorelativism: A developmental model of intercultural sensitivity. Education for the intercultural experience, ME: Intercultural Press, 21-71.

_____ (2011). A developmental model of Intercultural Sensitivity. Retrieved from IDRInstutute website http://www.idrinstitute.org.

Berry, J. W. (1991). Psychology of acculturation: Understanding individual moving between cultures. In R. W. Brislin(Ed.), Applied cross cultural psychology. London: Sage. 232-253.

_____ (1997). Immigration, acculturation and adaptation applied psychology. An International Review, 46(1), 5-68.

Böhning, W. (1984). Studies in International Labor Migration. London, Macmillan.

Byram, M. (1997). Teaching and assessing intercultural communicative competence. Clevedon, UK: Multilingual Matters.

Castles, S., Miller, M. J. (1993). the age of migration: international population movements in the modern world. 한국이민학회 역(2013). 이주의 시대. 일조각.

Chen, G. M. and W. J. S. (2000). The development and Validation of the Intercultural Sensitivity Scale. Paper presented at the 86th annual meeting of the National Communication Association, Seattle, WA.

Cox, T. H. (1994). Cultural diversity in organizations: Theory, research and practice. San Francisco: Barrett-Koehler.

Creswell, J. W. (1998). Qualitative inquiry and research design: Choosing among five Approaches. Thousand Oaks, CA: Sage.

_____ (2007). Qualitative inquiry and research design 2E. 조흥식 외(역). 『질적연구방법론: 다섯 가지 접근』(2010). 서울: 학지사.

Creswell, John W. (2013). 조흥식 외 공역. 『질적연구 방법론: 다섯 가지 접근』. 학지사.

Erikson, E. H. (1968). Identity, youth and crisis. New York: W. W. Norton Company.

Holton, R. J. (2014). Global Inequalities. 나익주 역(2019). 『지구적 불평등: 불평등의 근원과 범위에 관한 고찰』. 한울아카데미.

Holzbrecher, A. (2004). Interkulturelle Pädagogik. 정기섭·오영훈·김영순·이문기·변경원 역(2014). 『상호문화교육의 이해: 교사를 위한 교수-학습방법』. 북코리아.

Honneth, A. (1992). Kampf um Anerkennung. 문성훈·이현재 역(2011). 『인정투쟁: 사회적 갈등의 도덕적 형식론』. 사월의 책.

_____ (2001). Leiden an Unbestimmtheit. Eine Reaktivierung der Hegelschen Rechtsphilosophie. Stuttgart. 이행남 역(2017). 『비규정성의 고통: 헤겔의 『법철학』을 되살려내기』. 그린비.

Hovey, J. D. & Magana, C. G. (2002), Cognitive, affective and physiological expressions of anxiety symptomatology among mexican migrant farm workers: Predictors and generational differences. Community Mental Health Journal, 38(3), 223-237.

John W. C. (2007). Qualitative Inquiry and Research Design: Choosing among Five Approaches, 3rd, 조흥식·정선욱·김진숙·권지성 역(2015), 『질적연구방법론 다섯 가지 접근』. 학지사.

Kimmerle, Heinz (2002). Interkulturelle Philosophie zur Einfuehrung. Hamburg: Junius.

Merriam, W. S. (1994), Merriam Webster's Collegiate Thesaurus

Mor Barak, M. E. (2000). Beyond Affirmative Action: Toward a Model of Diversity and Organizational Inclusion, Administration in Social Work. The Haworth Press Inc.

_____ (2005). Managing Diversity: Toward a Globally Inclusive Workplace. SAGE Publications.

Oberg, K. (1960). Cultural shock and the problem of adjustment to new cultural environments. Washington, D. C.: Department of State, Foreign Service Institute.

Ward, C. Bochner, S. & Furnham, A. (2001). The Psychology of culture shock. London: Routledge.

찾아보기

저자소개

김영순(金永洵) kimysoon@inha.ac.kr

중앙대학교를 졸업하고 독일 베를린공과대학교에서 문화교육학부 석사, 베를린자유대학교에서 철학박사 학위를 취득했다. 현재 인하대학교 사범대학 사회교육과 교수, 대학원 다문화교육학과 학과장, 인하대 다문화융합연구소 소장, BK21 FOUR 글로컬다문화교육연구단장을 맡고 있다. 주요 저서로는 『다문화 사회와 공존의 인문학』, 『다문화교육의 이론과 이론가들』, 『다문화교육과 협동학습 경험』, 『이주여성의 상호문화 소통과 정체성 협상』, 『공유된 미래 만들기』가 있다. 연구방법론 분야의 공동저술로는 『질적 연구 여행』, 『질적연구의 즐거움』이 있다. 또한 다문화교육 및 교육인류학 분야에서 등재지 이상 학술지 논문 140여 편이 있다.

하종천(河種天) hl2kab@hanmail.net

인하대학교 교육대학원 다문화교육학과에서 석사학위를 취득하고, 동 대학교 일반대학원 다문화교육을 전공했으며 「외국인 노동자를 고용한 중소기업 경영자의 상호문화 경험에 관한 질적 사례연구」로 교육학 박사학위를 받았다. 현재 법무부 인천출입국, 외국인청 이민통합지원센터 사회통합 위원과 다문화사회전문가, 다문화이해교육 전문강사로 활동하고, 주식회사 오케켄트롤시스템 대표이사로 재직하고 있다. 주요 논문으로는 「외국인 노동자를 고용한 중소기업 CEO의 다문화 인식과 다양성 경영에 관한 사례연구」, 「외국인 노동자와 근무하는 한국인 노동자의 상호문화소통에 관한 사례 연구」, 「동남아시아 출신 외국인 노동자의 직장 내에서의 문화갈등 사례 연구」, 「A Study on the Intercultural Experience between SME Managers and Foreign Workers」 등이 있다.